文楽徘徊

鈴木創士

現代思潮新社

文楽徘徊／目　次

文楽徘徊

1　曾根崎人形

夏の盛り、大阪の文楽座にて近松門左衛門『曾根崎心中《そねざきしんじゅう》』を観劇する。私の「文楽かんげき日誌」は、その最初にふさわしく、あまりにも有名な近松作品からである。さて、頭のなかの操り人形をどんな風に動かせばいいのか思案することなく始めることにしよう。

いきなり場違いな話から始めねばならないのですが、ドイツの劇作家で詩人のハインリッヒ・フォン・クライストは、ゲーテと同じ時代を生き、古典主義とドイツ・ロマン派の間で宙吊りになった作家でしたが、そのどちらにも属するつもりはありませんでした。「何をやっても、ものにならなかった」などと、悪口なのか憐憫なのかよくわからないようなことを言われましたが、普通に聞き流せば、逆に古今東西の作家のうちで誰のことを言っているのか、こちらが身につまされるような形容のされ方です。それもそのはずで、たったひとりでゲーテに文学的決闘を挑もうとしていたこの孤高の文人は、妄想のなかでヨーロッパ最強の文学者の暗殺を決行するどころか、栄光を夢見た劇作を上演するも、見るも無残な結果に終わりました。そればかりかとうとう最後には道連れの女性を射殺した後、本人がほんとうにピストル自殺を遂げてしまうのです。

クライストは人形劇に興味をもっていました。『曾根崎心中』の作者である、「代々甲冑の家に生まれながら武林を離れた」近松門左衛門は、それかあらぬか、凄惨な事件を当節ドキュメンタリー風に、ほとんど余計な抒情を排して、ある意味リアリスティックに淡々と報告したのですから、このドイツの憤激の作家は近松とは正反対の道を歩んだことになります。でも二十世紀になると、この厄介な作家はカフカなどにも影響を与えたと言われていますし、今からドイツ文学の話をしようというわけではないので、まあ、それでよしとしましょう。

閑話休題。

クライストは、マリオネット（操り人形）についての文章のなかで、人形の動きを「舞踏」だと称して、この舞踏はメカニックなものであり、それぞれの動きにはひとつの重心があって、ぶらぶらする肢部は振り子にほかならないなどと言い切っています。人形は人形でも、文楽の人形の立ち居振舞いを見たことがある人からすれば、このクライストの所見はとても珍妙なものに思えるに違いありません。同じ操り人形でも、日本の江戸糸あやつり人形にしてからが、糸の下の繊細この上ない人形の動きも、糸自体の仕様も、西洋のマリオネットとはまったく違うのですから、腕どころか三人の人形遣《つか》いのからだ全体を使って人形と連動させる文楽の人形の動きについては、言わずもがなです。ただクライストの分析はまったく正反対の方向から文楽人形の動きを逆に照らし出すことになるようにも思えますし、それなりに面白いので、もう少しだけ彼の言うことにつき合っていただきたい。

重心が描くはずの線は一応はいたって単純なものでしょう。大概の場合、直線だろうと思います。曲がる場合には、その湾曲の法則はすくなくとも一次曲線、乃至はまず二次曲線からなると思います。後者の二次曲線の場合でもせいぜいが楕円曲線でしょう。そういう運動の形が、人体の尖端には（関節があるために）さなきだに自然な形ですからね。ですから操り手は、取り立てていうほどの技術を要しません。

それでいてこの線は、ひるがえって別の面からすると、たいそう謎めいたものなのです。というのもそれは舞踏手のたましいの道にほかならないからです。こういう線は、操り手が身をもってマリオネットの重心になり切ることによって、言い換えるならつまりは舞踏することによってしか、露見してこないのではないかと思います。

（ハインリヒ・クライスト「マリオネット芝居について」、『チリの地震』所収、種村季弘訳、河出書房新社）


人形の動きがメカニックだということは、骨っぽいということです。ギクシャクした動きはそこには骨格があることを思わせます。骨っぽいといえば、聖書的な伝統によると、人は塵のまた塵からたぶん粘土をこねるようにして、その後ふっと息を吹き込まれて創造されたようですし、それにまた最初の女性と言われるイヴは、なんとアダムの「肋骨」から造られたそうなのです（ほんとかな?）。ずっと後になって中世ユダヤのお坊さんたちが神の業を真似て、いろいろ呪文やら何やらを駆使して造り上げたゴーレムと呼ばれる土偶の人造人間というか化け物の動きが、骸骨人形のように、ロボットのようにギクシャクとしていたのはそれ故ではないでしょうか。ゴーレムのからだのなかに骨格があったのかどうかわかりませんが、そういえば、カトリック思想とブードゥー教の合作だとおぼしいあのゾンビたちのおかしな動きもまたしかりです。

聖書の神は自分の姿に似せて人を創造したし、人形は人の姿に似せてつくられるのだから、西洋の人形のイマージュの人工性には神を冒瀆するような、何やらいかがわしい秘密めいた雰囲気があるのはそのためです。二十世紀の前衛的な人形、例えばシュルレアリストのハンス・ベルメールのつくった球体関節人形などを見てもその感を免れることはできません。おまけにベルメールは「イマージュの解剖学」などと言っているのです。だが事は西洋に限らない。西行だって吉野の山奥で人骨を拾い集めて人造人間をつくったらしいから同じようなものです。

それに日本の人形の起源が奈辺にあるのかよくは知りませんが、大昔にはそもそもヒトガタと言われる紙でできた呪いの人形、呪詛の世界をバックグラウンドとし棲家とする人形もあったことですし、お雛様の元なのかどうか、おしら様という人形めいたものもあります。家の神、蚕の神、馬の神、子孫繁栄の神であると伝えられていますが、これを祀るために少女がおぶって遊ばせたりしました。これをよそに運ぶのは巫女の役目で、占いや口寄せにも用いられました。泉鏡花によると、これをもって諸国をめぐる者たちのうちには傀儡師、人形遣いがいて、人形芝居になり、やがてこれに語りがついて浄瑠璃になったともされています。

いずれにしても人形自体にもともと呪術的な風情を漂わせるところがあるのは故なしとはしません。人形の存在自体が神の秘密を、そして人の秘密を盗むものだからです。これは「イマージュ」というものは何であるかという美学的または形而上学的、あるいは哲学的神学的なややこしい問題にかかわるので、このへんでやめておきますが、昔、私のごく親しい者が、二体のロシア人形が突然十センチほど浮き上がり、そのまま空中にしばらく静止しているのを見たと言っていましたし、人形にまつわることの類いの話には事欠かないでしょう。

でも人形芝居における人形と人形遣いの関わり自体はまた別の意味でとても独特で、

とても考えさせられるものを含んでいます。人が人形を何食わぬ顔で動かすこと自体、もっと奇妙なことではないかと思えてきます。人形遣いとは何なのでしょう。クライストは人形の動きの描く線は謎めいていて、それは人形遣いのたましいの道だと、前言をなかったことにするかのような、というか、いや、数学的真理にも魂の秘密の道があるのだからそうでもないのでしょうが、突然、詩人が我に返ったようにそんなことを言い始めているのですが、文楽の場合はどうなのでしょう。魂の道は文楽の人形のなかにまで延びているのでしょうか。

人形と人形遣いの関係については、谷崎潤一郎が、さすが大谷崎らしくさりげなくかなり的確な文章を書いているので、長くなるのは勘弁してもらうとして、そちらを引用することにします。

　むかし人形芝居を見た時には不気味でグロテスクなやうに感じたが、見馴れて来るとなかなかさうではない、妙に実感があつて、官能的で、エロチックでさえある。人形を使ふのには主なる人形使ひが上半身と右の手とを動かし、一人の助手が左の手を、他の一人の助手が両足を使ふ。さうして主なる人形使ひはときどき黒衣《くろご》を脱いで、人形の衣裳と同じやうな派手な裃《かみしも》姿で現はれる。私は最初、それを眼障りであると思つたが、それもだんだん考へると、矢張あれはあの方がいい。なぜかと云ふのに、あの人形使ひは実は人形を使ふのではなく、自分の肉体を人形の肉体に仮託しているのだからである。詰まり人形の袂の中にあるものは人形使ひの腕であり、人形の胴にあるものも亦人形使ひの左の腕である。人形自身は纔《わず》かに首と手足の先とを持つばかりで、胴体もなければ腕も腿もない。女の人形の場合には腰から下は全くがらんどうで、足の先さへもなく、そのなまめかしい裾さばきの下で動いているものは、助手の両腕なのである。云ひ換へれば一個の人形は三人の生きた人間の肉体を借りて成り立つ。さうして主なる人形使ひは最も多く自分の肉体を人形のために提供している人である。それ故文五郎が天網島の小春を使ふ時、小春が懐ろ手をして溜息をつかうとすれば、文五郎の肉体が溜息をし、文五郎の手が小春の懐ろに入らなければならない。人形の体は凡て宙に浮いているので、小春が据わる時は脚を使ふ助手が裾をつぼめて膝をふつくらとふくらませ、小春の腰であり、臀であるべき部分は直ちに裃を着た文五郎の腕と胴とに接続する。かかる場合には何処迄が人形の領分であり何処迄が文五郎自身であるとも云へない。小春は文五郎の肉体から派出した美しい枝であり花である。花を賞でるには花と一緒に幹をも見なければいけないやうに、人形の面白味は人形使ひと人形との一体になつたところにある。人形使ひは単に人形に依るのみでなく、自分の全身の運動を通して人形の心持ちを表現する。此の関係が私には非常に面白い。だから人形を見ると共に人形使ひを見た方がいい。（谷崎潤一郎『饒舌録』、改造社）

ただ谷崎潤一郎の言っていることにケチをつけるようですが、必ずしも人から延びた枝が人形のなかにまで届いているのではないと思います。言うまでもなく人形と人形遣いが一体となるというのはそのとおりですが、人形遣いが幹で、人形はその枝であるとは限りません。花が咲くとも限らない！　遣い手から枝のように手が延びているかどうかは、枝となった人形だけの関心事かもしれませんし、幹と枝の関係はそのまま人と人形の関係とはならないかもしれない。

それにしても人形の遣い手は舞台の上では黒衣《くろご》となって、そこにいてもいないかのような影の存在となるのですが、いずれにせよそれは「種《しゅ》」のカテゴリーにおいても、芸術のカテゴリーにおいても、確かに秘密の領分ですし、独創的な発明であることは間違いありません。だから黒衣とはじつに日本の芸能が編み出した高度に抽象的な存在なのです。この抽象性はたぶん現代の演劇理論に照らしてもきわめて特異で厄介な異物ですし、寺山修司がたびたびそのことを意識するような舞台をつくっていたことが思い出されます。黒衣に扮した役者ならぬ役者たちが劇と劇場を支配して、身動きして会場の空気を乱そうとする観客を殴りつけ、乱暴狼藉を働いたのです！

話を元に戻すなら、舞台をよく見てみれば、そしてよくよく考えてみれば、人の領分と人形の領分がいつも五分五分であるとは限らないのですから、人形も遣い手も別々の人格だと考える必要はないのかもしれません。『曾根崎心中』の舞台で、天満《てんま》屋《や》お初の人形が首をほんの少し引き気味にくの字に傾げ、徳兵衛が怒りと諦めのあまり腰をかがめるとき、恐らく人の領分はどこかにかき消えて、舞台の上で人形遣いの肉体は自動機械のように、また彼自身の内側にくぐもったもうひとつ別の肉体と同じように、それ自身が夢遊病者のような動作を繰り返しているかもしれない。人形の遣い手といえども舞台の外にいる時と同じように人の領分のなかに住んでいるかどうかは実際にはわからないと私には思えるのです。そのとき人形遣いは人形に取り憑かれているかもしれない。人の領分と肉体の領分は同じものではないはずですから、人形の領分だって人の領分を侵蝕し食い尽くしているかもしれないのです。そしてこれほど愉快で痛快なことがあるでしょうか。人形が恐ろしいのはそのためです。

＊

せっかく『曾根崎心中』を観劇したのですから、芝居がすんでお初天神まで行ってみました。大阪の文楽劇場からそう遠くありません。ここの社の裏手が実際の心中の舞台です。天神の境内や森だったところにはいまや飲み屋が林立しています。

……この世の名残。夜も名残。死にゝ行く身をたとふればあだしが原の道の霜。
一足づつに消えて行く、夢の夢こそ哀れなれ
あれ数ふれば暁の、七ツの時が六つ鳴りて、残る一つが今生の、鐘の響きの聞

寂滅為楽《じゃくめついらく》と響くなり……。
き納め

（『曾根崎心中』）

お初天神を訪れるのは久方ぶりのことでした。以前、このあたりを時たまうろうろしていた時期が私にもありましたが、もう江戸時代の鬱蒼たる天神の森はあるはずもなく（当たり前です）、お初天神も周辺の佇まいも私の知っている近い昔のそれとさほど変りはないように見えました。かつてたまに通っていた蕎麦屋もバーも健在でした。お初天神の境内にアベックの姿も二組ほどあって、柏手《かしわで》を打つ音が聞こえていましたが、彼らは悲劇の主人公であるお初と徳兵衛にいったいこの世で何をお願いしたのでしょうか。

あれらの役者たちはみんな亡霊だった、とシェイクスピアが芝居のなかに書いていていますが、お初と徳兵衛の亡霊はここには見当たらず、後には千切れ雲ひとつ残らないように、酔客のたわ言もろとも跡形もありません。夜は更けゆくばかりでした。

私は何年か前から脚の調子が悪くステッキをついているので、スフィンクスのなぞなぞみたいに三本足というか、路地裏を行く誰かさんの歩きっぷりは文楽人形ではなくむしろマリオネットのようにギクシャクしていたに違いない。そうはいっても、形而上学的に言えば、私自身には迷惑な話なのですが、それでもどちらかといえば文楽人形のように、ふと気がつくと路地の蔭からひょっこり現れ出で、すべるようにバーの扉を潜りぬけることもできたのかもしれませんが、しかしわが意に反して、私は突拍子もない、場違いな影であったにすぎない。勿論、その折、自分が誰かの肉体、あるいは自分自身の肉体を借りた曾根崎人形になった気分をひそかに味わおうとしていたことは言うまでもありません。

2　戦士の機能

嘉肴《かこう》ありといへども食せざればその味はひを知らずとは
国治まつてよき武士の忠も武勇も隠るゝに
たとへば星の昼見えず夜は乱れて現はるゝ

（『仮名手本忠臣蔵《かなでほんちゅうしんぐら》』）

『仮名手本忠臣蔵』はこんな風に始まります。冒頭の一行は儒学の「礼」に関する本『礼記』に拠るもので、うまい酒の肴も食べてみなければどんな味なのかはわからない、つまりどんなに尊い人の教えもそれを生きてみなければほんとうのところはわからない、といったほどの意味なのでしょう。

はじめから『仮名手本忠臣蔵』の著者たちはずいぶんきついことを言ってくれます。たしかに真理ではあるけれど、それを浄瑠璃の太夫《たゆう》の声だけがやってのけるのだから、腰をずらして座席に着いていた私はすぐさま、覚えがあるようなないような別の世の情景のなかにいて、まるで夢のなかを次第に遠ざかってゆく舞台を見ているような気分になってしまいます。三味線の激しいリズムも、自分があっちに行きかけたり、またこっちに戻ったりということをかき乱したりはしません。途中でお弁当をこっそり食べたとしても、うとうとしたとしても、それはそれで同じことです。

冒頭の続きはこんな感じのことを言っています。

太平の世がくれば、武士の忠義も勇敢さも何もかもが隠され、隠れてしまう。星は、昼間もちゃんと出ているのに見ることは出来ないけれど、夜ともなれば夜空を乱舞するように顕現するではないか、そんなものだよ、と。「たとえば星の昼見えず夜は乱れて現る〻」。いい一節です。文章はこうじゃなくっちゃいけない、などと余計なことを客席で考えていました。

だけど、武士の忠義の話といっても、劇場から外へ出て本屋さんなどへ行ってぱらぱら新刊の頁をめくってみて、現代における「武道」の精神とかなんとか色々こちらが聞かされる日には、そうなのかなあと思ってしまいます。子供の頃に剣道をやっていましたし、私の知っているフランス文学者のなかに、言語学の専門家でもある、惚れぼれするような柳生新陰流の達人がいるのですが、彼は別格であるとしても、それでもなあ、という感じではあります。物騒なことを言いますが、いまは人を切ることのない刀……。今はそんな役立たずの刀が武士道の基本に厳然としてあります。実際、日本では、もはや刀は刀としては存在できない。そのような状態が長く続くと、物の本質はやはり変質してしまうのではないでしょうか。それはほぼ江戸時代の終わり頃から始まったことでした。今のような時代に武士道快哉《かいさい》を叫ぶのは、観念論に基づいていますし、観念論はそれだけで肥大するのが常です。江戸時代を通じて武士の刀が錆びついてしまったことは間違いありませんが、それでも実際にはこの時代には侵略戦争もなく、平和をそれなりに享受した時代でした。文楽はそのような時代にあって喝采を博したのでした。私があまりにも単純なことを言ってのけているのは承知の上です。でもやはり武道というものは、刀が基盤にならざるを得ないのではないでしょうか。そうじゃないって言う人がいることは知っていますが、武士道などといっても、昔の侍が思っていたようなものではないでしょうし、しかも昔の侍にいわゆる武士道精神がほんとうにあったのかどうかも私は知りません。ニューヨークの五番街のビジネスマンたちの間で宮本武蔵の『五輪書《ごりんのしょ》』が流行ったことがありましたが、だけど、それこそ、ほらね、という感じではないでしょうか。

「戦士の機能」というものがあって、武士たちはいつもどちらに転んでもおかしくないし、そのような立場に立たされてきました。彼らはつねにボーダーライン、境界線上にいます。バッハの美しい『G線上のアリア』はなかなか聞こえてはきません。むしろ悲惨な、つらい話ばかりです。いつの時代も同じようなものです。『仮名手本忠臣蔵』は武道の話ではない。この仇討ち話には、ちょっとなあ、というお侍どころか、軽蔑すべき嫌な奴も出てきます。不倫の話だってあります。大坂っ子たちがこの話自体をとても喜んだに違いないことは想像にかたくありません。胸が迫るだけでなく、下世話な成りゆきも含まれているからです。武士道など、精神論などちゃんちゃらおかしい、というわけです。その意味でも文楽は批判精神に満ちたまぎれもない民衆芸なのです。

でもこの人形浄瑠璃は、何しろあの忠臣蔵、あの仇討ちの話じゃなかったのか！ちょっと待てよ。どこかが変です。赤穂浪士の話じゃなかったのかと思った観客たちもきっといたに違いないと思います。もちろん討ち入りは討ち入りですが、実際に元禄に起こった事件は『太平記』の時代に移し替えられています。武田出雲《たけだいずも》、三好松洛《みよししょうらく》、並木千柳《なみきせんりゅう》という三人の作者たちが、作家としてまだ生々しい事件をそのままの形で芝居にしたくなかったという事情もあるのかもしれませんが、江戸幕府の手前ということもあったに違いありません。こういったお江戸の事情はやはり江戸文化の特徴のひとつを生み出したはずです。もちろん人形浄瑠璃なのだから初演当時も大坂の芝居でした。大坂のお江戸芝居はこうして一種独特の雰囲気と性質を持ち合わせたものとなったのです。

そういえば、私が観た日の文楽劇場も大阪のお江戸としてかなりごった返していました。金沢から観に来ていたはずの友人とも、きょろきょろ探してはみたものの、とうとう会えずじまいでした。前回の『曾根崎心中』を観た日の文楽劇場の様子とはひどく違う感じがしました。演目が変われば劇場の雰囲気は変わるはずですし、またそうでなければならないのだと思います。外で起こっている政治の事情がそうさせていたなどとは私は考えていませんが、今日の劇場もそうではありません。もちろん、その反対の場合もあるのでしょうが。

ささいな戦いならどこにでもあります。一緒に行った女性とは大人気《おとなげ》もなくなぜか大喧嘩になりました。芝居がはじまった頃から剣呑《けんのん》な空気でした。「二度と一緒に文楽は見ないから！」彼女はそう言いました。はたしてそれは私のせいだったのでしょうか。文楽は十分こういうことも引き起こすのです。

前回の『曾根崎心中』のときと何も変わらなかったのは、あの不思議な黒子の存在と口上の声だけだったかもしれません。

3　他人の夢

近松門左衛門作の人形浄瑠璃『心中天網島《しんじゅうてんのあみじま》』を観る。

それにしても主人公の紙屋治兵衛は、とりたてて特異な存在というわけでもないですが、それなりにとんでもない男です。演歌の『昭和枯れすゝき』どころではない。この男の無責任さと性格の弱さと人並みの欲望、要するに彼の度し難いわかりやすさと、それほど異常とも言えない嫉妬や、水もしたたる色男ぶりのせいで、心中相手の小春や女房のおさんばかりか、周りの人間すべてが不幸のどん底に突き落とされるという当時の三面記事をそのまま芝居にしたものですから、近松の冷酷なまでのリアリズムも大いに手伝って、このけちょんけちょんな話はそれなりに「凄惨」です。

これは作家の筆致がどうであるなどというものではなく、どう考えても無惨としか言いようがない話ですし、つまり自分がまっとうであると思い込み、それを装えばなおさらそのような感想を言える感があります。これが救いようのない暗い話であり、またそれこそが芸そのものを生み出している、などとひと事のように誰もがまっとうに言えるということは、まっとうな人間でいることなど、舞台でまるでひとりでに演技をしているかのような人形たちからしても、なかなか夢のまた夢だということになるのかもしれません。

（……）
共に口説き泣き
後ろに大長寺の鐘の声
「南無三宝、長き夜も夫婦が命短夜」
とはや明け渡る晨朝《じんちょう》に
「最期は今ぞ」
と引き寄せて、後まで残る死に顔に
「泣き顔残すな」
「残さじ」
と気を取り直しひと刃《やいば》

剔《えぐ》る苦しき暁《あかつき》の
見果てぬ夢と果てたり

（『心中天網島』）

そんな風に浄瑠璃は終わっていますが、昔は盃を手に、お弁当をほおばりながらこの残酷で身も蓋もない事件の顚末を、たまには涙も流して呑気に見届けたりしていたのですから、われわれの芸能というか、江戸時代から続く娯楽というのはじつに珍妙なものだとは言えないでしょうか。いまはさすがに見つからないように、こっそり隠れてでもなければ観客席で酒を飲むことはできませんが、現代のわれわれ観客だって、そこでどれほど身につまされようとも、呑気に見ているという点では似たようなものです。

席がかなり後ろの方だったし、私は目が悪いので（オペラグラスを持ってくるのを忘れてしまった）、人形の細部の動きをよく見て取ることができずに、この凄惨な事件を前にしても、最初からぼんやりと離人症のような夢幻劇のなかにいて、つまり他人の夢のなかにすでに棲みついてしまっているみたいに感じていました。そんなことも手伝って私は、昔も今も同じようなものだなどと、ふとそんな不埒なことを思ったりしたのです。こうして私は図らずも、たぶん私自身の意に反して、江戸時代の大坂の庶民のひとりになっていました。

浄瑠璃自体のもつ言葉の語られ方の「結構」と三味線を交えた「音」が、つねにある種の決定的な異化効果を及ぼすことに絶大な力をもっているというのは確かにそうなのですが、つまり結局のところ逃げ場がないのですが、そうはいっても、私にとってやはり人形浄瑠璃の芝居はつねに遠くで、向こうの方で起きている何かであり続けていました。われわれはその何かと連絡を取り、そこに時々入り込もうとします。うわの空のままで。あるいは時には極度に集中して。それは他人の夢のなかで語られる登場人物たちの消息、あるいは彼らの来《こ》し方や行く末にあまりにも似ているのではないでしょうか。他人の夢を覗き見ている私がここにいるのと同じことなのではないのか。自分の夢ならば、その瞬間、そのつど、通常は自分が夢を見ているとは思わないからです。他人の夢のなかでは私は私自身を消すことができません。そうはいっても現実のなかにいるしかないわれわれは、われわれの事情とこの重たい肉体を抱えたまま、他人の夢のなかに時おりそっと入り込んで悪さでもしようとしているのでしょうか。うまく行けばのことではあるけれど……。

そうであるなら、われわれはいま夢を見ている最中なのだから、治兵衛や小春とは違って、われわれ自身が不死身であるとでも思っているのでしょうか。思っている？こうして私は何かを考えていたのか。シェイクスピアが言うように、なるほど思考と眠りは夢と同じ実質をもっているだけではなく、同じ素材でできているからなのでしょう。しかし他人の夢といっても、夢の登場人物は誰なのでしょうか。ほんとうに気がかりなのはそれが誰かということではないとはいえ、ここでは、ひとつにはそれが人形であったということに意味があるのではないでしょうか。

でも、今回は人形自体のことは少し脇に置いておきましょう。人形とわたしたちを媒介しているものがあります。彼らは舞台の上にいるではないか。人形を操っている三人の人形遣いです。そして彼らはみな黒衣《くろご》です。最も重要なパートを受け持つ、つまり人形に主たる命を吹き込むのは主遣《おもづか》いと呼ばれる遣い手です。人気者であるこの主遣いはいまでは顔を出して、裃《かみしも》を着ておなじみの黒衣のいでたちをしてはいませんが、人形遣いなのだから黒衣であることに変わりはありません。そして黒衣とはどこまで行っても影の存在ですし、つまりは舞台の上の芝居の成り行きの上では存在しない人、存在してはならない人です。

これはじつに奇妙なことであり、ある種の日本的形式、いわば日本風のスノビズム（ヘーゲル学者であるコジェーブが言うように）であって、その独自性の極致を表すものだと言っていいでしょう。観客の誰もが了解していることであるとはいえ、じつはこの取り決め自体は、芝居が生のある種の踏襲であり、模倣であり、再現であり、生そのものになろうとするものであるという観点に立てば、きわめて不自然なものです。

それなら黒衣というこのじつに独創的な形式は、劇を支配している何かに、いわばひとつの超形式となり得るものなのでしょうか。そうかもしれない。ちょっと見たところでは……。劇を支配する？　だが実際、そんなことが可能なのでしょうか。むしろ逆の現象が起こっているのではないか。

私の気があまりにもそぞろで、散漫になればなるほど、劇は劇場の外で起こっていることに限りなく近づいてしまうように私には思えます。私は何が何だか自分の言っていることがわからなくなる。舞台をもう一度じっと見詰めてみます。私は黙したまま「虚構」について、フィクションのメタレベルの連なりについて考えているのか。一般的な意味での「演出」のことを無言の話題にしようとしているのか。それら全部を？

文楽はさまざまな意味で、つまり相反する幾つかの意味で、不思議なものです。私は客席に一人でいて、目には見えない盃を酌み交わし、幻の肴をほおばっています。所詮は、他人の夢です。私は夢を見てはいない。私自身もまたそこで何かを演じ、もぞもぞとからだを動かしている最中かもしれない他人の夢しか知らないのですから……。そして芝居も芝居を見ている自分も全部そんな風に、そんな夢の素材でできているような気が次第にしてきます。これは手品なのか。

……治兵衛（の人形）が首を吊る。幕が引かれる……

芝居が終わって、他人が見ていた夢のなかからふと我に返ると、偶然、前列斜めの席にいた女性と目が合いました。京都在住の評論家Hの奥さんでした。彼のほうは隣の席でにこにこしています。

「やあ、こんにちは」

席を立とうとして振り返ると、これまた知り合い夫婦とばったり。彼らとはつい先日友達のやっている神戸のバーで出くわしたばかりでした。

私は一人で文楽劇場から外に出ました。夜の空気を吸って、あたりを見回しました。夢から覚めたのでしょうか。狐につままれたような気分でした。

4　愉しいトラウマ

京の都の夕まぐれ、一条戻り橋の向こうから衣《きぬ》かずきをかぶった妙齢の女性がしずしずとやって来る。平安の武将渡辺綱《わたなべのつな》が橋を進みゆく。かずきの下の女が絶世の美女であることは言うまでもない。綱と女がすれ違う。と、思ったとたん、綱の太刀が抜かれ、電光石火、ピカッと光る刃がヤッと振り下ろされる。切り落とされたのは、青黒い、毛むくじゃらの太い手首。ぎゃっ、と言って振り返った女の顔は鬼に変わっている。

幼児の頃に見てしまった「光景」です。当時、家にテレビはなかったはずですし、こんなものはテレビでやっていたはずがないでしょうし、たぶん映画だったのでしょう。映画はまだカラーではなく白黒だったはずですが、なぜか鬼の手首はパートカラーのように暗くて青黒かった。妙齢の美女の手首は、おまけに毛むくじゃら。そもそもこんな映画はもしかしたら存在しなかったかもしれず、私のなかで『羅生門』とごっちゃになって、生臭い記憶は部分的にすり替えられ、捏造されたのかもしれません。

私を含めて人間というやつは時間とともに退化する一方です。複雑な記憶そのものが不確かであるばかりでなく（「私」はどこにいたのだろう?）、われわれは茫洋とした過去のなかに居続けています。ともあれこの「シーン」は私の一生のトラウマになった模様です。嘘じゃありません。私にとって、存在しない男や女（鬼）、幽霊のように蒼白い顔の少年武将（これまた鬼のようなものです）はいたるところに今でもおいでになるのです。

鬼が怖かったし、いまでも怖い。怖いもの見たさということもある。『今昔物語』に出てくる鬼殿《おにどの》というのが京都にあるのですが、この鬼の出没するいにしえの悪所の跡を探しまわったこともありました。お正月に祖父の家で、ナマハゲがやって来たとき、「ちゃんと飯を食うか、ちゃんと勉強するか」と酒臭い息でどなり散らされて、まだお行儀の良い子供だった私はすぐさま「はい、ちゃんとします」と正座したまま本気で答えたものでした。

今回の文楽は「子供劇場」でした。子供たちが大勢来ていました。演目は『金太郎の大ぐも退治』と『瓜子姫とあまんじゃく』。『金太郎…』は『大江山酒呑童子《おおえやましゅてんどうじ》』の一幕だから、源 頼光《みなもとのよりみつ》による大江山の鬼退治の話です。さっき述べた渡辺（源）綱は頼光に仕えた頼光四天王のひとりです。おっ、鬼の親分の正体である大ぐもが社《やしろ》から現れるところがなかなかいいではないか。最後に大ぐもと頼光が組んずほぐれつ空中で戦いを繰り広げる一大スペクタクル。よっ、待ってました。やんやの喝采。

浄瑠璃の文句の中ならば謡も歌もうたふとはおもふべからず語るといふべしとこそをしへ侍れ

（『鸚鵡ケ杣《おうむがそま》』）

「唄うべからず、語るべし……」。今回の『瓜子姫とあまんじゃく』は木下順二の作で、武智鉄二が提唱したとおりの「口語体浄瑠璃」です。

武智鉄二は「唄うべからず、語るべし……」ということを力説し解き明かしていますが、そのような本質的なことを別にしても、もっぱら人形に釘付けだった子供たちといえども、微妙なようで、決定的である効果、浄瑠璃の知られざる効果がじわじわと効いてくる劇場の音響空間のなかにどっぷり浸かっていたことは間違いありません。劇場は人にそれを強制する。そこがいいのです。それにしても、口語体とはいえ、『瓜子姫とあまんじゃく』のなかで「無意識」という現代語の口語（？）が使われていたのが妙に気にかかりましたが、まあ、それは些細なことです。そんなことより重要なのは、子供の頃に人形浄瑠璃を見たという体験は、無意識裡に、無条件に、彼らを別の世にかどわかし、連れ去るかもしれないということだと思います。そうでなくっちゃ。それこそ「あまんじゃく」のように、すべては鸚鵡返しのコダマの効果のうちにあり、そもそも人形と子供、言葉と子供は合わせ鏡のようになっているからです。

折口信夫《おりぐちしのぶ》によれば、「あまんじゃく」は何が何でも人に反対する土地の精霊で、『古事記』や『万葉集』にも出てきますが、日本芸能発足の源をなしているものです。つまり私たちの最初の「トラウマ」のひとつなのです。

幕間の「ぶんらくってなあに」という黒衣の体験コーナーの時間がありました。自分からすすんで黒衣になりたいと手を上げた子供たちが多かったのは少しうれしく意外でした。親が、とりわけ母親が率先して手を上げていたのには失笑してしまったけれど……。

幕が下りたとき、子供たちは愉しいトラウマを受けたのかしら、といらぬ心配をしながら席を立ったのですが、ホールの情景を見てそんなものは単なる間抜けな大人の杞憂にすぎないことがわかりました。ホールには青鬼、赤鬼、あまんじゃく等の人形が特別にお出ましになっていて、子供たちと対面していたのですが、泣き出す男の子も女の子も散見されて、私はなぜかほっとした気分になったのです。子供たちは十分愉しいトラウマを享受していたのです。皮肉を言っているのではありません。

原爆の漫画『はだしのゲン』を小中学生がトラウマを受けるとか受けないとかで制限図書にしたなどとどこかの教育委員会の愚かなニュースはまだ耳に新しいですが、「トラウマ」(いったいトラウマって何だ!?)でさえも、子供たちが大人たちよりも繊細であるからこそ、子供たちはそのことをちゃんと知っていて、大人たちが自分のことを棚に上げてとやかく言ったり、子供の行動を制限したりするような話ではないのではないかと思います。子供のための文楽にだって、ちゃんと「行動の原理」というものが書き込まれています。トラウマなんておおげさな言葉じゃなくてもいい。それにこんな場合、トラウマなんて言葉を使ってはいけないのかもしれない。

でも、そうは言っても、行動の原理には「傷」がともないます。傷は花びらのようにいたるところに開いていて、「傷」自体が誰よりもそのことを、つまり行動の原理がそこにあったことを知っています。戦場で負傷して半身不随になったフランスの作家が言っていたように、「傷」はわれわれの存在以前に存在するのかもしれません。芸もまたその「傷」でなければ、いったい何のためにあるというのでしょう。泣き叫ぶ子供たちを見ながら、私はそんなことを思っていました。

5　素人は入門などしない

今回の文楽は『伊賀越道中双六《いがごえどうちゅうすごろく》』でしたが、劇場に入る前からひとつやってやろうと考えていたことがありました。虚心に浄瑠璃を聞こうと思ったのです。浄瑠璃のことなど何も知らないドシロウトである私は、それでも今回は少し注意してドシロウトなりに浄瑠璃のことを実地で知りたいと思って席に着きました。太夫たちがどんな風に語るのかうなるのかを遅ればせの白昼夢のなかで聴いていたい、というか眺めていたいと思ったのです。大変申し訳ないですが、観客は気楽なものです。

私がまだ意識などというものを持たない赤ん坊に近かった頃、祖父が家で長唄をうなっているのを膝の上に乗っかってよく聞いていました。前回のコラムでも渡辺綱のことに触れましたが、長唄が渡辺綱と鬼のくだりにさしかかると私はいつも決まって泣き出したそうです。祖父がそれを手放しで喜んだことは容易に想像できますが、この際、そんなことはどうでもいい。赤ん坊は長唄の物語にではなく、鬼の気配に反応したのだと思います。それが「情」なのか「風」なのか、私にはこの歳になっていまだによくわからないにしても、われわれがそうであった赤ん坊や幼児もまたドシロウトであるということが言いたいのです。ドシロウトは感じ取ることができるのです。

いままで文楽を見るときは、舞台の上に出てくる字幕にしょっちゅう目をやってそれを読みながら、急いで視線を舞台に戻しては人形の動きを追っていましたが、どうもこのやり方が、誰が考えてもそうでしょうが、邪道に思えて仕方がなかった。以前私は外国映画の字幕の仕事をやっていたことがあるのですが、映画の外国語会話をすらすらと理解できる人は少ないだろうから仕方がないとはいえ、本来あんなものは無用の長物なのです。

今回、耳だけを太夫の唄というか語りに集中して、目は人形の動きを追っていると、面白いことがわかりました。話が不思議に読めてくるのです。もちろん、いくら物書きの端くれである私といえども、情けないことに、教養がないので時には難解にも聞こえるだろうこれらの古めかしい語りにじっと耳を傾けていて、すみからすみまで理解できるというわけではありません。でもなぜか自然に話が読めてくるのです。元々、人形よりも浄瑠璃が先にあったのだから当たり前のことかもしれないですが（このことに意味があるのかどうか知りませんが、パンフレットの出演者のページにも、人形遣いよりも前に太夫が紹介されています）、浄瑠璃というのは、何と言うか、とてもよくできているものなのだな、ということくらいは私にもわかったのです。

これは唄なのか、語りなのか。義太夫は「唄うべからず、語るべし…」と義太夫節の元祖である竹本義太夫はきつく言い聞かせていたようですから、それは語りなのでしょう。今言ったように、なるほど話の筋は駄ジャレや脱線も含めて読めてくる。唄ではなく、語り。でもそれなら三味線は伴奏ではないのでしょうか。伴奏ではないと言い切るには、あまりに太夫の息と合ってしまう時が多いように思えるのは私の空耳ではないと思います。それはたしかに見事なものです。

しかし、私はいまでも音楽もやっているのですが、ピアノというかキーボードを演奏したりするとき、ひとつのまとまりである音が何かに伴走していて（他の楽器や歌やその他の音やリズムという意味ですが）、逆に意図的にそれに合わせないでいるというのもまた至難の技なのです。でも同時に合わせたくない誘惑もあることを私はよく知っています。簡単に言ってしまえば、壊したくなるのです（私がやっているのは、前衛的な特殊音楽です）。伴走している当の相手を別の機微、別の衝動、別の体系によってこちら側に引きずり込んでしまう一種の「遊びとしての危険」を犯したくなるというのも本当です。これはクラッシック音楽では禁じ手であることは言うまでもありません。つまり下手をすれば相手の世界を侵蝕し台無しにしてしまう恐れがあるから、これは危険なやり方ではあります。とはいえ、結果的にそれがたしかに全体的な音として考えれば良かったということもあるのだけれど……。

今回、三味線の音を聞いていて、タイミングや、ある意味で思いがけない、ある意味では情動的にぴったりしたメロディーが太夫の語りを、どう言えばいいのか、下方に引き下げ、「情」の血中濃度を冷水を浴びせかけるように低下させるように思えたとき、じつに面白く、いい効果だと思ったりしました。話が壊れないままに、調和が微妙に壊れかけるのです。文楽にだって「破れ目」はあります。勿論、西洋音楽的に言えば、三味線のメロディーが「絶対音」と「微分音」の間を揺れ動いているということだけではありません。そんなことは邦楽では自然なことです。そうではなくて、いわば、伴奏としてはリズム的にも旋律的にもタイミングが不意打ちのようにズレるときがあるのです。これはとても高度なまでに気息的である。この不意打ちは思いがけずじつに玄妙で幽玄な風情を醸し出すときもあるし、とにかく愉快です。

観客席に、ある太夫を贔屓にしているらしい女性がいて、よほどのファンなのでしょう、彼女は頭を振ってはしきりにリズムを取っているのが私の席からも見えていました。もちろんロックコンサートのように最後まで三味線や語りのリズムと彼女のリズムがぴったり合っているというわけではありませんでした。この三者三様のズレは見ていてとても楽しいものでした。太夫、三味線、観客という三角形はいびつに歪んだり、凹んだり、飛び出たりしていました。

私もまたこの女性が贔屓にしているらしい太夫が素敵だと思いました（間違っていたらごめんなさい）。たしか「岡崎の段」に出演されていた太夫だと思いますが、低音の、そう言ってよければ、だみ声の太夫です。声が割れて、そこからユーモアと諦念と悲痛が洩れ出し……。なんともぎりぎりの余裕、やさぐれて、それでいて品のある風情があって、つまりカッコいいのです。

ところで、人形は人間に似てしまうことがあるらしい。このことは文楽の人形遣いたちが、いや、すべての人形遣いたちが人形の動きを人間の自然な動きに似せようとしてきたこととはまた別の事柄であるように思われます。人形自体が人間を真似て、人間に完璧に重なってしまうような瞬間がどこかにあるはずなのです。

この『伊賀越道中双六』にも、自分の子供を殺すという誰にとっても恐らくとても印象的な場面がありましたが、『伝統演劇の発想』（芳賀書店）の武智鉄二によると、かつて、『太平記忠臣講釈』で、名人であった人形遣い吉田栄三の人形が足手まといになった子供を殺す場面で、なんと人形の頬に一瞬きらりと涙が光るのが見えたそうです。驚いた武智が楽屋を訪ねると、吉田栄三は「いまは何でも出遣いさせるので、こんな役はほんまに涙を流しながら遣《つか》うのやないと遣えません」とごまかすばかりでしたが、後で武智の友人が撮った子殺しの場面の写真を見て、武智はあっと声を上げた。人形遣いである栄三の目にもほんとうに涙が光っていたからです。

実際には何が起きていたのか。涙を流していたのは誰なのか。人形なのか、それとも人形遣いの吉田栄三なのか、それとも両方なのかは私にはわかりません。遣い手の涙と人形の涙はきっと同じものなのでしょう。涙は一瞬だけ光ってすぐに消えたでしょう。ほおっておいても、誰もいない部屋のなかで、誰も見ていないときに人形が涙を流すことなどそれほど珍しくないのかもしれませんが、それでも舞台の上で、観客が見ている前で、人形遣いの技によってこのようなことが起こるなどということには、暗黒のなかで年老いた中性子星が爆発して消えるのを目撃してしまうような厳かな恐怖があるのではないでしょうか。ほんのかすかに見えた人形の涙は、一瞬、舞台全体を白熱化し、瞬時にして元の暗闇に戻すくらいの力があったはずです。気難しくて激しやすく、度胸もあった武智鉄二をあっと言わせたくらいですから、それは間違いありません。だから私もまたこんな人形の涙、こんな恐怖を目の当たりにしてみたいと思うのです。

芸が恐怖に、われわれ自身がまさに消え入ってしまうような、そもそも観客も何もあったものではないという風な恐怖に遠くからでも裏打ちされていなければ、僭越ながら、それは何ほどのものだろうとも思ってしまうからです。こういったことはすべてとてつもない緊張を強いるものです。われわれ観客自身が、もはやどう考えても、同時に芸術のあらゆる場面においてそれほどまでに危機に瀕しているということなのです。それとも、そんなひと事のような、能天気なことを、そんな奇跡のようなことを考えてしまうのは、私の贅沢か思い上がりなのでしょうか。しかし、恐怖という一点をめぐるなら、伝統芸であろうとなかろうと、民衆芸であろうとなかろうと、それはもはや関係ないと思います。ほんとうの名人の芸には怖い怖いものが秘められていて、名人芸とは真の恐怖であり、同時に恐怖の裏返しではないかとすら思うからです。

6　六波羅秘密の記

お上が「秘密」を持つとろくなことはないですし、とんでもない事態に陥るのが常です。最後には収拾がつかなくなるか、肥大して風船がパチンとはじけるように破裂してしまうことは悠久の歴史が証していますが、私たちのほうこそ「秘密」を譲り渡してはならぬと声高に申していたのは、いったいどこの誰だったのでしょう。

　どこの誰べえが言ったのかはどうでもいいことですし、お上の「秘密」の話はまた別の機会に譲るとして、そもそも「秘密」がなければ探偵小説やミステリーなどというものもないですし、それればかりか身近なところでも、やんぬるかな、と言うほかはないのですが、人が生きたり破滅したり、恋をしたり別れたり、喜び、不安、絶望、諍い、人死になどなど、そのようなものすべての残滓、つまり時の秘密の残り香のようなものが漂う場所があります。私たちの住んでいる町自体のもつ猥雑さをあちこちでそれとなく醸し出しているのもまた、ひそかにすら語られることのない「秘密」ではないかという気がしてきます。

たしかに最近ではあちこちずいぶん味気なくなりましたし、それはそれで悲しいことですが、いまでも歴史ある古い町の風情というものに人の心が惹かれるのも、やはり「秘密」のなせる業ではないかと思います。これは豊かさとはまた別のものです。

芸術のことを考えても、たしかに芸術はしっぽを出したか、しっぽを今にも出しかけの謎であるとして、芸術から、技法やら脈略やら意味やら出自やら色んなものを引き算していくと、それでも最後に何かが残ってしまいます。時間も場所も序も破も急も差し引いても、何かが残存してしまうのです。それが「秘密」でなくてなんでしょう。

旧約聖書のなかでイザヤという預言者が、すべてのものを殲滅しても必ずや残存するものがある、というようなことを言っておりましたが、ちょうどこんな感じかもしれません。まあ、こちらは人類の秘密にかかわることなので、話はずいぶん大袈裟になるのでやめておきますが……。

いずれにしても、この麗しくも厄介なものである「秘密」がなければ、あらゆるものがとても味気のない干物のようになってしまいます。塩気も旨味もありません。文楽のような伝統芸能の場合、伝承という次元が強くつけ加わるわけですから、とはいえ、伝統も前衛も同じようなことなのでしょうが、「秘密」の保持は命がけ、からだごとなされる、ということにならないといけないのでしょう。

今回の国立文楽劇場のパンフレットに「義太夫節の魅力を伝えたい」という野澤錦《きん》糸《し》さんのインタビューが載っておりますが、それを読んで愚考したのですが、人に芸を教えるのが難しいのは、結局のところ芸のなかには取り除くことのできない「秘密」が隠されているからではないのか。

当然、「秘密」は黙して語らず、もって瞑すべし、なのですから、伝えることには向いていません。それでいて師匠から弟子に伝えられるのはまさに「秘密」そのものなのですから、われわれ門外漢には知り得ない世界があるのでしょう。しかしそれだけではなく、伝えることがとても難しいというのは、芸の秘密が、技芸の秘密のみならず、からだや、芸の担い手が生きた、今も生きつつある時間の秘密でもあるからではないでしょうか。つまるところ「秘密」は、聖書のような聖なる本を筆頭に、いにしえの本のなかに記された暗号のようなものでは必ずしもなく、生きて変化するものなのではないかという気がしてきます。

『壇浦兜軍記《だんのうらかぶとぐんき》』の「阿古屋琴責《あこやのことぜめ》の段」に登場する、京都五条坂にある花扇屋の傾《けい》城《せい》、つまり高級遊女である阿古屋が命と引き換えにした「秘密」は、拷問の脅しにもたじろぐことがありません。阿古屋と恋仲にあった、平家一門の仇を討たんとして逃亡中である悪七兵衛《あくしちびょうえ》景清《かげきよ》の居所をつかもうと、「天下の政道を取り捌く決断所《けつだんしょ》」、お白州に引っ張り出されたこの六波羅の女性は、凛とした涼しい顔でのらりくらりと口を割りません。

　そのあでやかさ、その勇ましさと気品と誇りは、『黒革の手帖』もとうてい及ぶところではありませんし、よくは存知上げないことですが、不見転《みずてん》芸者よろしく権力者や政治家にべたべたするばかりの、愚かな上に計算高いどこかの誰かさんとは雲泥の差でしょう。

さつても厳しい殿様。四相を悟る御方とは常々噂に聞いたれど、なんの子細《しさい》らしい四相の五相の小袖に留める伽羅《きやら》ぢやまでと仇口に言ひ流せしが、今日の仰せに我が折れた。勤めの身の心を汲んで忝《かたじけな》いおつしやり様、何々の誓文で、景清殿の行方知つてさへゐるならお心にほだされ、ツイぽんと言ふて退けうが、何を言ふても知らぬが真実。それとても疑ひ晴れずばハテいつまでも責められうわいな。責めらるゝが勤めの代はり、お前方も精出してお責めなさるが身のお勤め、勤めといふ字に二つはない。アヽ憂き世ではあるぞいな。

オホヽヽヽそんな事怖がつて苦界《くがい》が片時なろうかいな。同じ様に座に並んで、殿様顔してござれども、意気方は雪と墨。重忠様の計らひとて榛沢様の今日の詮議、縄もかけず責めもなく六波羅の松蔭《まつかげ》にて、物ひそやかに義理づくめ様々と労《いたわ》りて、「サア景清が行方は」と問はれし時のその苦しさ、水責め火責めは堪《こた》へうが情けと義理とに拉《ひし》がれては、この骨々も砕くる思ひ。それほど切ない事ながら、知らぬ事は是非もなし。この上のお情けには、いつそ殺して下さんせ。

（「阿古屋琴責の段」）

美女阿古屋は頑固一徹なままです。平家への私的な恨み骨髄の、現代でもよくいるような、嫌味な岩永左衛門が阿古屋を激しく拷問にかけろとわめくのを制して、さすが「四相を悟る」人だけあって、いまではきっと拝むことが珍しいタイプの役人である秩父庄司重忠のきわめて独特な拷問が始まるのです。どんな風に？　なんと重忠は阿古屋に琴と三味線と胡弓を弾けと命ずるのです。琴責です。面白い言葉です。

今回、桐竹勘十郎さんに見事に遣われた人形は琴と三味線と胡弓を奏でます。指さばきまで駆使して。私は舞台に向かって右手で実際に奏でられている琴、三味線、胡弓の演奏と舞台の人形の動きを交互に見ていました。音はたしかに右手から聞こえてきます。けれどもこれは極彩色の華麗な装束を纏った人形がたぶん奏でているのです。ほとんどの観客にとってそのことに異存はないと思います。

この人形はどこでそれを奏でているのでしょう。舞台の上であって、舞台の上でもありません。人形自体の指遣いや身のこなしが見事なだけではありません。そればかりか、舞台の上の人形からは実際には音は聞こえていないとはいえ、人形と本物のほうの楽器との間に音の増幅が、一瞬ですがほんとうに起こった気がしました。人形の琴、三味線、胡弓と、実際にそこで奏でられている琴、三味線、胡弓が、合体しないまでも、幻覚のなかの二重写しのようにダブってくるのです。その間を、観客の頭を越えて音が行き来するかのようなのです。

このような効果は人形を遣った芝居にしか起こり得ないのでしょうが、そのようなことが起こり得るときには、ある意味で人形はもはや人形ではなくなり、実際の演奏は演奏ではなくなる、ということなのかもしれません。不思議なことです。

話を元に戻しますと、このあっぱれな遊女がお上に弱みを見せることはついにありませんでした。現代的に言えばここが肝心なところでしょうが、権力の「秘密」に対して、ひとりの女性として、またひとりの職業人として、自分の「秘密」を対決させたのです。最後まで、最後までないと意味がありませんが、彼女は「秘密」を売ったりはしなかったのです。

琴、三味線、胡弓、どれを奏でようとも、「秘密」は漏れ出てくる気配すらありません。阿古屋はただただ恋しい景清との別れを切なく語るのみです。高潔な重忠はこれを聞いて、遊女阿古屋に嘘偽りはなしと、この奇妙な拷問を終えるのです。なんとも素敵な裁きです。人を裁くことはできないという裁きがある、ということの一端を示しているのかもしれません。この本は近松門左衛門の浄瑠璃『出世景清《しゅっせかげきよ》』の改作のようですが、ほんとうによく出来たものだと、私のなかの近松株がぐんと上がった次第です。

三味線で――

〽翠帳紅閨《すいちょうこうけい》に、枕並ぶる床のうち。馴れし衾《ふすま》の夜すがらも、四つ門の跡夢もなし。さるにても我が夫《つま》の、秋より先に必ずと、あだし詞の人心。そなたの空よ詠《なが》むれど、それぞと問ひし人もなし

胡弓で――

〽吉野竜田の花紅葉。更科、越路の月雪も。夢と覚めては跡もなし。あだし野の露鳥辺野の、煙は絶ゆる時しなき、これが浮世の誠なる

（『阿古屋琴責の段』）

この誇り高き遊女阿古屋は実在の人らしく、六波羅蜜寺には、なんと阿古屋の塚と阿古屋地蔵があります。かつて平家一門が邸宅を構えていたこの近辺は鳥辺野と呼ばれ、いまでもお盆のメッカのようなところですが、すぐ近くの六道の辻あたりには、平安歌人であり役人でもあった小野篁《おののたかむら》が、閻魔の補佐をするために夜ごと入ったと伝えられる苔むした地獄の井戸がひっそりと口を開けているお寺もあります。私が平安の反抗的知識人として尊敬する篁ゆかりの地ということもあって、好きな界隈のひとつなのです。

百人一首の歌にあるように、篁もまた嵯峨上皇を怒らせて島流しにあった人ですし、このあたりには『今昔物語』に語られる死や幽霊にまつわる話ばかりでなく、とても勇敢な人たちの住む場所、少しばかり哀しみのこもった勇壮の土地でもあったということになるのかもしれません。

そしてさすがに昨今では、竈で清水焼の茶碗を焼く煙突の煙を別にすれば、火葬の「煙は絶ゆる時しなき」ということはありませんが、それでも鳥辺野が今も昔も死というものに現実的に縁《ゆかり》のある、あるいは死者と生者が同居する土地であるということを思うにつけ、浮世の誠として、あまたの死は嘘偽りを制するのだと考えるならば、うがち過ぎというものでしょうか。

この人形浄瑠璃が秘密めいた六波羅、松原界隈の話だということを知って、小野篁の地獄井戸を知った時もそうだったのですが、私は少しばかり驚愕させられました。どういう巡り合わせか、私もまた京都に来たときは、それもしょっちゅうなのですが、この界隈に棲息しているからです。棲息しているなどと適当に言われても、これを読む人は困ってしまうでしょうが、事実なのだから仕方がありません。

夢と覚めては跡もなし、ということはまだありません、とあえて言っておきましょう。どうして夢と覚めてもこのあたりに私はいるのか？　それはささやかな「秘密」だということにしておきます。きっとそのうちひとごとのような顔をして、散歩がてらに阿古屋塚と阿古屋地蔵まで行ってみることでしょう。

7　破れ目

『菅原伝授手習鑑《すがわらでんじゅてならいかがみ》』では、歴史もそう伝えるとおり、というか、うつつなのかはたまた権力者たちを筆頭に人々の心に巣食う恐怖の夢に見入られているからなのか、菅原道真《すがわらのみちざね》が自分を陥れた敵に対する怒りのあまり雷になって昇天する場面が演じられます。そう、京都の北野天満宮に祀られているあの天神さんです。

早良親王《さわらしんのう》や、縁切りで有名な安井金比羅の崇徳天皇《すとくてんのう》など、宮廷を呪詛し、空から、また地の底から京の都に災いをもたらし、この世の無責任で変わらぬ徒然を呪った、平安京にまつわる祟り神は珍しくありません。そもそも神社仏閣の役割や配置など、平安京の、いや、今も厳として存続する今日の京都という町自体の風水的都市計画に思いを馳せるならば、この町のたたずまいは、これらの「御霊」、つまり怨霊の激しい憤怒の、さまざまな結末を抜きには考えられないくらいです。少なくとも当時の為政者たちはそう考えたはずです。

菅原道真もまた歴史に登場したそんな「御霊」のひとりなのです。だが結界はつねに破られるものとしてあり、実際、破られています。その破れ目から今でも鬼や怨霊や幽霊たちがぞろぞろ出てくるのでしょう。

それにしても、藤原時平の讒言《ざんげん》によって平安京より九州の太宰府に追放され、その地で憤死した道真公がいまでは私たちにとっては受験の神様なのですから、なんと言えばいいのか、このことのほうが私の理解を越えています。いくら道真が「文道の祖」であり「詩境の主」であったとしても、受験と何か関係があるのでしょうか。

このことには、柄にもないことを言わせてもらえば、どこか現代という人の世の哀れさえ感じてしまいます。怨霊はどこへ行ったのか。どこにも行っていないぞ。現代人は利用できるものだけ利用して、何もかも忘れてしまえというわけです。やれやれ、というほかはありません。われわれはみんな健忘症にかかっているらしい。

ラカンという高名なフランスの精神分析家は、心のなかでかつて抑圧されたものは必ずや回帰して復讐すると言っていましたが、この健忘症、愚行の元であるに違いないこの忘却自体が歴史を織りなしているのではないかと思ってしまうほどです。この人形浄瑠璃の舞台を眺めながら、今回もまたそんな余計なことを考えていました。

東風《こち》吹かば匂ひおこせよ梅の花主《あるじ》なしとて春な忘れそ

菅原道真

この梅の木は、道真を慕ってか、呪いのためか、一夜にして京の都より太宰府まで飛んできたのでした。

では、この人形浄瑠璃は、菅原道真がリアルな主人公なのでしょうか。そうであると言っても間違いではないのですが、そうではないとも言えます。近松の『天神記』などを元本にして、竹田出雲、並木千柳、三好松洛、竹田小出雲によって書かれたこの作品、さすが三大名作のひとつと言われるだけあって、一筋縄ではいかないものです。

主人公は梅王・桜丸・松王丸という三つ子の兄弟とも考えることができるからです。道真という丞相《じょうしょう》失脚をめぐって敵味方に分かたれた兄弟の生き方、身の処し方、その行く末の物語でもあるのです。

梅は飛び桜は枯るゝ世の中に何とて松のつれなかるらん

梅・桜・松。長男である「梅」は、失職中の、今風に言うと原理主義者の浪人であるが故に、ある意味で右往左往し、「桜」は丞相道真に対する藤原時平の讒言のきっかけを与えた責任を取って切腹しました。そして道真の敵である時平に仕える「松」は、「つれない奴だ」と悪口を言われながらも、道真公への義を立てるためにそれでも最後には自分の子の首を、手の込んだ仕方で、数人を除いて誰にも知られることなく差し出してしまうのです。狂言回しには狂言回しの人生があるように、彼らにもそれぞれの悲劇があったのです。

それもこれも結局はお上のいざこざに端を発しているのですから、どこかで聞いたような話です。少しばかり馬鹿ばかしくも哀しい、あるいは見方を変えれば、時の権力に翻弄される、いささか複雑で小難しい人情話のようですが、江戸時代の民衆は自分たちの見聞きしていることとして、実体験として、このことを即座に理解したのでしょう。

この三兄弟の話には、体制や権力の裏側のようなものが透けて見えています。一方には夢幻的な道真がいて、もう一方には三兄弟とその親父たちのリアルな人情話がある。道真公の物語なのだから舞台は平安時代なのですが、それでもこの芝居がやはり江戸風であるのは、ひとつには物語の骨組みにこういう結節点みたいなものがあるからかもしれません。

私はそれほど江戸文化に親しんでいるわけではありませんし、詳しくは知らないのですが、つねに人形浄瑠璃には「批判的」な機微というか、時にはあからさまな批判的観点が盛り込まれているように思えるのは、このような江戸時代独特の「民衆的」視点が書き込まれているからかもしれません。

戦乱もなく長く続いた江戸の「平和」は、学問などとは縁のない民衆を含めた誰の目にも、物事の一面をはっきりと見せしめたところがあったのかもしれないとも思います。自分たちの享受している平和が何か悪いことででもあるかのように戦争の準備をやりたがったり、思慮もなくごちゃごちゃ言っている愚かな人たちが現在も大勢いますが、長く続く平和にも、当たり前ですが、平和なりに良いところがあるのだと言っておきましょう。

　では、この物語は三兄弟の話に尽きるのでしょうか。それでもやはり、それだけではないように思えるのです。文楽には珍しいことでないとはいえ、子供がかなり理不尽な仕方で首を刎ねられて殺されるからです。父の計らいによって、そして敵ではない寺子屋の先生の手によって。父と先生の思惑は、そうとも知らずに奇しくも一致してしまうのです。いやはや、なんとも言えません。しかも殺される子供は、父親である松王丸の思いと立場を理解するかのように、殺される前に「につこりと笑ふて」首を差し出たというのです。

　この段は勿論ひとつの山場ではあるのですが、その証拠に、ハンカチで涙を拭う女性が会場にもちらほら見受けられました。だがこれは文楽の独特の視点というよりも、たぶん現代人であるわれわれの視点なのです。人形は残酷ですし、われわれのヒューマニズムを何が何でも拒絶しているように思えるときがありますが、何もかもわれわれの流儀で考えることはできないのだと思います。人形浄瑠璃に関しても、このことを安易に受け流すべきではないと私は思っています。

この『菅原伝授手習鑑』という作品、名作の誉れが高いのはうなずけます。これは私の考えですが、いわゆる名作には出口や入口がいくつかあるからです。主人公という点ひとつを取っても、いま述べてきたように、この浄瑠璃には出口や入口が幾つかあることがわかります。

これは破れ目です。物語の破れ目です。物語の結界が破れているのです。破れた物語は必ずや手袋を裏返すように裏返されます。全体的に見れば、奇妙な幾何学、奇妙なトポロジーです。そこから何が、誰が出たり入ったりするのでしょう。それは選り取り見取りです。

怨霊であったり、忠義であったり、裏切りであったり、役人批判であったり、梅や桜の咲く季節であったり、殺される子供、あるいは寺子屋のかわいらしくも出来の悪い悪ガキであったり、武士の妻たちの覚悟と悲しみであったり、権力というものの馬鹿ばかしさであったり、超自然的な幻想であったり、荒唐無稽であったり、にべもないリアリズムであったり、虚であったり、実であったり、虚実、同時に両方一緒であったり、いろいろです。これは芸なのでしょうか。そうは言っても、このことは是非も知らず芸術以前の事柄のようにも思えるではないですか。

これが芸であるのは、まず第一にまさしくそれが浄瑠璃であるからだと私は思っています。今回の公演は竹本住大夫《すみたゆう》師の引退公演でもあったので、名人の語りを聞くことができて、余計にそれがはっきりとわかりました。

住大夫さんの、何と言うか、繊細な声、小さくかすれるような、消え入るような、物語の向こうにはもう何も無いかのような声、そして突然、堰を切ったように絞り出される最後のダミ声（失礼なことを言ってしまいました）に聞き入りました。浄瑠璃だからというだけではなく、何か独特の、たぶん名人にしかできない（他にどう言えばいいのでしょう）節回し、ふと、そこから外れるように、はぐらかすように、不意にどこか別の所を向くかのような、揺れるような、震えるような、もはや音程（音程などという無粋な言葉を使う悪癖をお許し願いたい）をつかむことができない言葉の語尾の破れのようなもの……。

住大夫さんの声自体が破れていたのです。とはいえ、あえて言うなら、この声はさきほどの物語の破れ目から出て来たのではないように思えました。そうではなくて、実際、この声の破れから、なんと物語自体がぞろぞろと出て来ていたのです。

8 近松、出口なし

『女殺油地獄《おんなころしあぶらのじごく》』は身も蓋もない話です。ある意味でいまだに解決できていない、心理学や精神分析の格好の餌食となるような、大昔から繰り返されてきた「家族」の不幸。これは「悪」自体を描いているのでしょうか。そうでもないし、それだけでもないように思います。それにしてはずいぶんあっさりしています。例えば、「悪虐の哲学者」だったフランスの作家サド侯爵と比べればわかりやすいかもしれません。悪を体現するサドの登場人物たちは明らかにみんな「倒錯者」ですが、近松の登場人物たちはそうとは言えません。

話はかなり単純です。父親とは血のつながりのない商家の放蕩息子が、義理の父に反抗し、遊ぶ金欲しさの借金のために進退窮《きわ》まって、いままでお世話になっていた善良な婦人をとうとう惨殺してしまうのです。実際、芝居を見ている最中に、私の後ろの席にいたご婦人の「こんな息子やったらいらんわ」という独り言が聞こえてきたほどです。失礼ながら、この不意の寸評はおかしかったのですが、私はその場で笑うことができませんでした。

ということは、どこにでもある話、私たちが容易に想像できる、あるいは体験し得る話ということなのですが、近松門左衛門の晩年の作であるこの世話物が、江戸時代に実際に起きた、それもそれが書かれるさほど遠くない時期に起こった事件を元にしていることは想像にかたくありません。近松のリアリズムここに極まれり、と言いたくなるほど何の伏線も装飾も哲学も思想も幻想もありません。

近松はジャーナリストだったのか、今風に言えばルポライターだったのか、と言いたくなるところですが、勿論、普通の意味ではそうではないと思います。何しろ人形浄瑠璃、歌舞伎の劇作家なのですから。簡単に言ってしまいましたが、このことには芸術というものの謎自体がスフィンクスのように立ちはだかっているのですから、ほんとうは何頁も費やさなければならない事柄なのでしょう。近松は凄腕の作家なのです。

同じところをぐるぐる堂々巡りするのもアレなので、何頁も費やすことは今はやめておきますが、とはいえそれはそれとして、ここでは近松の作品だけの問題に限っても、それでも他の作品、例えば『曾根崎心中』などと比べると、この『女殺油地獄』の無い無いづくしのリアリズムはあまりに度し難いものなのです。私としては啞然とするあまり、少し暗澹たる気持ちにならざるを得ません。哲学者のサルトルじゃないですが、「出口なし」なのです。先に、いわゆる名作には出口や入口があると述べましたが、近松は例外であり、別格です。出口がなければ、入口もないことは言うまでもありません。別の言い方をすれば、どこにでもある話を、無い無いづくしのまま、これほど身も蓋もなく描いてみせる近松の才能は、驚くべきものであると言えるでしょう。何もないことは迷宮のひとつの特徴でもあります。

殺しの場面はこんな感じです。

「南無阿弥陀仏」と引き寄せて右手《めて》より左手《ゆんで》の太腹へ、刺《さ》いては刳《えぐ》り、抜いては斬る、お吉を迎ひの冥途の夜風。はためく門の幟の音、煽《あお》ちに売場の火も消えて、庭も心も暗闇に打ち撒く油、流るゝ血、踏みのめらかし踏み滑り、身内は血汐の赤面赤鬼《あかづら》、邪慳の角を振り立てゝ、お吉が身を裂く剣の山、目前油の地獄の苦しみ、軒の菖蒲《あやめ》のさしもげに、千々の病は避《よ》くれども、過去の業病逃れ得ぬ、菖蒲《しょうぶ》刀に置く露の魂《たま》も乱れて息絶えたり

（『女殺油地獄』）

この話にはカタルシスはないと言っていいでしょう。呪いもなし、復讐もなし。改心もなし。浄化されようがありません。幽霊となって伊右衛門の悪業を裁く『四谷怪談』のお岩さんや、吉良上野介を成敗して主君の恨みを晴らした『忠臣蔵』の赤穂浪士たちのような登場人物はここにはいません。事実はごろりと投げ出されたままです。いずれにせよ近松門左衛門は鶴屋南北ではありません。最後にくだんの放蕩息子与兵衛がお縄になりますが、いずれ市中引き回しにされるか、斬首されると私たちに想像はできても、そのような場面はこのお芝居にはありません。カタルシスがないのがいけない、などと言いたいのではありません。ただこの徹底ぶりが近松の意図したものではないかと勘ぐっているのです。もしかしたら、近松はそうすることによって何かに復讐していたのでしょうか。

ちょっと大袈裟な比較をするなら、事実のさなかで新約聖書の四福音書を書いた華々しい福音記者たちのような、事実についての超越論的ジャーナリストがいたとすれば、近松はあくまでも形而下的ジャーナリストです。下世話だと言いたいのではありません。端的に言って、形而上の反対の形而下なのです。その意味では、ここでは、「情」というものともあまり関係がないようにも思います。近松は冷淡に思えるところがあります。それが作家としての強みであり、凄みであるようにも思えるところが……。

近松には、暗い事実のヘドロのような泥沼の中から、人知れず顔を出す蓮の葉っぱのようなところがあったのでしょうか。水は淀んだままだし、下のほうは泥だらけ。葉っぱは青々としていますが、葉っぱの上では水滴がころころ転がっているだけです。蓮の葉っぱであって、蓮の花でありません。蓮の葉っぱは強い。季節はいつでもかまわない。雨上がりの晴天になると、水滴が目立ちます。事実という水滴には外の景色が映っています。虹色に光るときもあります。それはわかっています。でもそれでどうなるというのでしょう。私たちは事実の前では無力である、と言えばいいのでしょうか。

水滴にはいろんなものが映っている。たしかに人形浄瑠璃には万華鏡のようなところがあります。人形は鏡です。人形を映すのではなく、人形が映すのです。

人形遣いの吉田和生《よしだかずお》さんが、難しい技術を見せるのではなく、人形が淡々としていなければならないとき自然にふるまうのが難しい、というようなことをインタヴューで述べておられましたが、人形がもっていて、同時に人形がわれわれに見せているのは、心の動き、ただそれだけではないらしいのです。人形たちが生きてあるためには、主遣《おもづか》い、左遣い、足遣いの三人の遣い手たちによって息を吹き込まれ、そして人形自体が息をしているためには、人形もまた自然をというか、何と言うか、事実を映し出していなければならないのかもしれません。人形は鏡の像を光の束のように発しているのでしょうか。光でできていることはわかっていても、物理現象としての鏡の像はそれ自身何なのかは非常にわかりにくい、謎めいたものですし、目の前のそこに何の衒《てら》いもなくありながら、この世を垂直方向に逆転させ、それでいて事実を装っているかもしれないのです。鏡の向こう側とこちら側では、同じことが起きているとはっきりとは言えないのです。だからこそ事実を映す鏡、鏡である人形は、さまざまな意味で残酷なのです。

この人形浄瑠璃は江戸時代に初演された後、再演されることはなかったそうです。江戸の人々には評判が芳しくなく、全然人気がなかったからです。人々はこの芝居を好まなかった。ところがです。明治時代になって、坪内逍遥によって再び取り上げられた後、今にいたるまで、この芝居は、人形浄瑠璃、歌舞伎、映画などなど、大変人気を博しているようです。

事実、今回の劇場でもやんやの拍手喝采でした。前回観劇した『菅原伝授手習鑑』と比べても、明らかに拍手の多さ強さは違いました。勿論、たぶん今では特に、人形の動きにつれて人は拍手するのでしょうから、人形のキレのいい動き、大きな動きが多かった、そのような芝居だったということもあるのかもしれません。それにしても、人形がいくら動いても、その当の浄瑠璃の内容のほうは、そっけないほど、あまりに非情な事実しか語られないのです。

江戸の人々はこの芝居を好まず、私たち現代人は拍手喝采する。江戸時代には罪人が少なかったなどと言われますが、それは単に逮捕される人が少なかったというだけの話で、犯罪がなかったからだとはとても言えないと私は考えています。業まみれの、人間の愚かしさは時代によって変わったなどということがあり得ないのは、他の歴史を見ても容易にわかることです。私たちは罪人《つみびと》です。オイディプスの時代から私たちはそのコンプレックスに悩み、苛《さいな》まれていると、誰かさんたちはずっと言い続けているほどです。それに江戸時代の民衆は犯罪に馴れてはおらず、犯罪に馴れてしまったように誰もが思っている私たちだからこそ、センセーショナルではあっても、「ただの」犯罪や、ただの犯罪者にも拍手喝采するとでも言うのでしょうか。そんなことはないでしょう。それとも私たちは事実について単純な反応を示すことによって、ただただ近松の蓮の葉っぱの上に乗せられているだけなのでしょうか。

最後に、与兵衛は役人の手によって縄三寸に締め上げられ、大声でわめきます。

人を殺せば人の嘆き、人の難儀といふ事に、ふつつと眼つかざりし、思へば二十年来の不孝無法の悪業が、魔王となつて与兵衛が一心の眼を眩まし、お吉殿

殺し、金を取りしは、河内屋与兵衛、仇も敵も一つの悲願、南無阿弥陀仏

（『女殺油地獄』）

自分の罪を認め、それによって一応の悔恨は語られていますが、南無阿弥陀仏と言うだけで、これでは何の懺悔にもなっていません。やはりカタルシスは描かれていません。その後与兵衛が処刑されたのは、この大阪の文楽劇場から遠からぬ、千日前の、かつて焼失し大惨事になったキャバレーがあったあたりでしょうか。私はそんなことをふと考えていました。千日、千人の聞く……千日前。芝居がはねて外に出ると、千日前の方角から気持ちの悪い夜の熱風がまとわりついてきました。

9　鬼はどこにいるのか

この『奥州安達原《おうしゅうあだちがはら》』にも鬼が出てきます。「一つ家の段」です。

寒林に骨を打つ霊鬼、深野に花を供づる天人、風漂茫《ひょうぼう》たる安達が原、隣る家なき一つ家の軒の柱はすね木の松、己が気まゝにまとはるゝ蔦は逆立つ鱗の如く……

奥州の山奥、道もわからぬ安達が原に、ぽつんとあばら屋が一軒立っています。いまで言う福島の二本松のはずれあたりでしょうか。この辺には追剝ぎが出没したらしい。日は暮れかかり、誰の姿か彼の姿かもうわからなくなる逢う魔が時です。家の前には周囲をぼんやりと照らす高灯籠がひとつ。この陋屋には白髪の老婆が住み暮らしていて、ついさっき道に迷いかけ、追剝ぎを怖がる旅人が一夜の宿を借りようと立ち寄ったところです。

老婆は旅人を泊めてやろうと、やおら畳の上に招き入れます。そしてついに問答の末にまんまと旅人を打ち倒し、喉仏に噛みつき、食いちぎって殺してしまうのです。老婆のくせに馬鹿力、一気に畳を上げて、死骸を下に蹴落とす。死んでも財布を離そうとはしない、哀れな旅人の腕をもぎ取り、血まみれの腕を桶のなかに放り込んで何食わぬ顔です。

さらにもっと恐ろしい事が起こります。やっとのことで安達原に辿り着いた生駒之助と恋絹《こいぎぬ》がこれまた一夜の宿を所望すると、道中が大変だったからなのか、臨月だった恋絹が苦しみ始めるのです。陣痛かもしれません。いい薬を買って来てやると言い残し、生駒之助と老婆はあばら屋を出て行きます。夜も更け始め、ここは野の末、一人取り残された恋絹は心細さのあまり、覗いてはならぬと言われていた奥の間の障子をとうとう開けてしまいます。

そこで恋絹が見たのは、誰のものとも知れぬシャレコウベや人骨、人の腕でした。驚愕した恋絹。腰を抜かす。そこへ先回りして老婆が帰って来ます。

逃げまどう恋絹の前に老婆が立ち塞がり、なんと腹の胎児をもらいたいと堂々と言い出す始末です。かわいそうなのはこのお腹の子を宿した母親です。南無阿弥陀仏、南無阿弥陀仏。何の因果か、そう唱える老婆の口は耳まで裂け、安達が原の黒塚に棲む鬼はここにほんとうの正体を現すのです。鬼となった老婆は命乞いする恋絹に襲いかかり、くんずほぐれつ、とうとう恋絹を惨殺して、胎児を取り出すために十文字に腹を切り裂いてしまいます。

そこへ老婆の奸計によって山に置き去りにされていた生駒之助が戻って来ます。それでも老婆はあわてて取り出した胎児の血を絞ろうとします。胎児の血は、奥州に新たな政権を打ち建てるために、かつて攫って来た環宮《たまきのみや》の病気平癒のためにどうしても必要だったのです。絞った血はなぜかそこにあったシャレコウベに染み込んでゆきます。鬼はちらっとしか怪しむ暇がありません。生駒之助に事の顚末がばれてしまうのは時間の問題です。

あばら屋に戻った生駒之助は、横たわる恋絹の死骸を見つけてしまいます。そればかりではありません。胎児もまた恋絹の胎からなくなっているのです。生駒之助は老婆に出し抜かれたことに気づいて、奥の部屋の御簾を開けます。ところが、そこに鎮座していたのは、稚宮である環宮に従うさきほどの老婆、老いの賤《しず》の身に引き替えて、厳めしくもきらびやかに十二単に着替えた鬼なのです。まさしくこの場面で、何を隠そう、鬼婆が、義家に対して謀反を起こした奥州の豪族、安倍頼時の妻であり、貞任《さだとう》と宗任《むねとう》の母である岩手だったことがわかるのです。

だがどうして頼時のシャレコウベに血が滲んだのでしょう。老婆岩手は不審に思い、恋絹から奪った守り袋の系図から、自らが胎を切り裂いた恋絹が実は自分とシャレコウベ頼時の娘であり、血を絞った胎児が自分たちの孫だったことを知るのです。なんと自分は娘を殺害した母親だったのです。鬼が涙を流しても、もう手遅れです。

それでもこの場に及んでもなお、鬼老婆は胎児の血に月の光を当てて妙薬をつくろうとします。ところがこの家の娘となっていた匣《くしげ》の内侍《ないし》が器を谷底へ落としてしまいます。すると谷底から水が噴き出してきました。何が起こったのかはしかとはわかりません。なるほど（芝居とはよくできているものだと言えばいいのでしょうか）谷底には聖なる十握《とつか》の剣が隠されていて、血の汚れを浄めたらしいのです。それを見届けると、今度は、匣の内侍が毛を逆立てて男の姿に変身します。彼こそは頼時の謀反を平定した義家の末弟、新羅三郎義光《しんらさぶろうよしみつ》だったのです。おまけに環宮も替え玉、義家の子である八若であり、声が出ないという病気も真っ赤な嘘でした。

かくしてすべては露見し、老婆の策謀はことごとく見破られたことが判明しました。そして自らが手をかけた妊婦である娘と、胎児であった孫の惨い殺害もすべてが無駄であり、徒労に終わったことを悟るのです。老婆岩手、または黒塚の鬼は、こうして谷底に身を投げて自害するのです。

まあ、この有名な場面はこんな具合です。

スプラッター・ホラーまがいの派手な凄惨さと言えばいいのでしょうか。これはたしかに一大スペクタクルです。さまざまな意味で。この「一つ家」は『安達原』のなかではあまり上演されない段らしいですが、舞台の慌ただしさは文楽や歌舞伎に特徴的なものだと考えて済ましてしまえばいいのでしょうか。実際、この場面で、客席でうつらうつらしていた人たちは目を覚まし、観客席の空気はどこかざわざわとしていました。

パンフレットに文章を寄せていた演出家の宮城聰さんは、この鬼婆の岩手をギリシア悲劇のエウリピデスの登場人物へカベに比肩しうると述べておられましたが、私はむしろこの芝居のそもそもの陰惨さと暴力性の点では、同じギリシア悲劇詩人のアイスキュロスの登場人物たちになぞらえたくなったほどです。この『安達原』自体の全体の話のややこしさは、たしかにギリシア悲劇にも比肩すべきところがあると思います。そうであれば、この「鬼」こそが、突然現れて錯綜した話の糸のもつれを断ち切って、あれよあれよという間に物語を手品のように収束させてしまう「機械仕掛けの神」（デウス・エクス・マキナ）のような地位に昇格したのでしょうか。まさに観客のほうがそれを望んでいたとでもいうように。もしかしたら、この「機械仕掛けの鬼」にはそのような機能があるのかもしれません。

ただ同じ伝説が元になっている能の『黒塚』の鬼のように幽玄な「人間的」もしくは「亡霊的」苦悶は、この老婆がいかに恐ろしい形相をしていようとも、ほとんど感ぜられませんし、まったくの別物と言っていいでしょう。少なくとも私にはそう思えました。その意味では文楽でしか出来ないし普通は無理だろうと思われるこの激しく残忍なめまぐるしいスペクタクル的場面に、それほどの深刻な凄惨さを求めてはならないようにも見受けられます。残忍さも凄惨さも堕落したり、しなかったりするのでしょうか。文楽のリアリズムは時と場合によってまったく違った相貌をもつことができると言えばいいのでしょうか。
というのも、話の筋もさることながら、人形こそがやはり何かをその場その場で映し出す鏡だからではないでしょうか。人形こそが、それをやってのけることができる。人形の繊細な動きは舞台のすべてを変えてしまうことができるのでしょう。そして浄瑠璃の大声がここにあることを忘れてはならないのですが、人形が血を流せば、はたして人も血を流すのでしょうか。それはちょっと別の問題のように思われますが、いかがでしょうか。

いろんな姿を借りることのできる鬼はこの世の安寧を掻き乱す異界の存在である、などと現代の人類学者たちはわざわざ述べていますが、そんなことは子供だって知っていることですし、『今昔物語』や『宇治拾遺物語』などにたくさん登場する日本の鬼や呪い神については、残念ながら、民俗学的な知見をここで披瀝することは私の能力ではとうていできかねることです。それに先に少しふれたたので、もう鬼や呪い神についての個人的感想は繰り返しませんが、地獄、餓鬼、畜生、阿修羅、人間、天の六道にも入れてもらえない外道である鬼は、いつもどこか悲しげに思えるのは私だけでしょうか。

あの恐ろしい形相はいつもどこか悲しげで、それに物憂げなのです。だけどこれらの悲しみと憂鬱と諦念はどこから来るのでしょうか。私はそれを知りたいと思っていますが、これはなかなかの難問であるのでしょう。それにこの愚かな鬼はどこか私たちに似てはいないでしょうか。それとも誰もが考えるように、私たちのほうが鬼に似てくるのでしょうか。昨今では、ますます似てきているのでしょうか。あるいは、そういうこと以前に、鬼についてわれわれが抱くことのできる想像力には限界があるのでしょうか。それとも、事実はそんなことではないのでしょうか。

それはそうとして、作家の坂口安吾は、小説「青鬼の褌を洗う女」のなかでこんな風に言っています。別のところで引用したことがあるので、少し気が引けるのですが、私はこのくだりが好きです。あえて最後に引用しておきます。

私は谷川で青鬼の虎の皮のフンドシを洗っている。私はフンドシを干すのを忘れて、谷川のふちで眠ってしまう。青鬼が私を揺さぶる。私は目をさましてニッコリする。カッコウだのホトトギスだの山鳩がないている。私はそんなものより青鬼の調子外れの胴間声が好きだ。私はニッコリして彼に腕をさしだすだろう。すべてが、なんて退屈だろう。然し、なぜ、こんなに、なつかしいのだろう。

(坂口安吾「青鬼の褌を洗う女」、『愛と美』所収、朝日新聞社)

10　阿呆鳥

近松門左衛門の「世話浄瑠璃」である『冥途《めいど》の飛脚《ひきゃく》』には義理人情は描かれているのでしょうか。世話浄瑠璃は当時の身近な事件を題材にしているのですから、当時の人々の好奇心を満たすに十分だったことは想像にかたくありません。ここにはたしかに事件が描かれています。でもこれは義理人情の話なのでしょうか。江戸の民衆はそんな風に受け取ったかもしれないし、そんな風に受け取りたかったのかもしれません。たぶんそうなのでしょう。

それにしては作者の近松門左衛門はずいぶん冷淡です。近松の世話物に接すれば接するほど、そう思わざるを得ません。主人公にそれほどの思い入れがあるとも思えません。近松は、罪人となってしまうであろう主人公に罪を犯す深い理由を与えもしないし、結局のところ、主人公を救い出そうともしません。放ったらかしです。『冥途の飛脚』でもそれは顕著だし、とりわけ際立っています。後の作者によって近松の浄瑠璃が改作されたのは、当時の凡庸な戯作者たちが、たぶんその点をどう考えればよいのかわからず、もっとコマーシャリズムの御涙頂戴のほうがウケるのではないかと思ったからだと思います。無理もありません、と言えばいいのでしょうか。たぶんそのほうが受けたというのはたしかでしょう。いつの時代もそういった消息は変わりません。『冥途の飛脚』をもとにした『傾城恋飛脚《けいせいこいびきゃく》』はそんな風にして改竄《かいざん》された作品だと思われます。だけど一方、原作者である近松自身には、なんというか、頑固一徹な厳しさのようなものがあったのではないかと思います。

『冥途の飛脚』の主人公である忠兵衛は、どこにでもいるような、いいかげんなヤサ男です。養子になった飛脚問屋でそれなりにうまく商売をやっています。それから、人並みに手広くやっている大坂の商人なら珍しくはなかったはずですが、廓遊びにも通います。そこで好きになった傾城《けいせい》、高級遊女が梅川という女性です。そして、これまたご多分に洩れず、忠兵衛は梅川を身請けしたいと考えます。これは恋なのでしょうか。たぶんそうなのでしょう。しかし近松門左衛門はそのへんの事情をまったく詳《つまび》らかにはしません。そして、これまた珍しくないことですが、廓遊びのせいで忠兵衛は金に困るのです。そのあげく、梅川を身請けするために、飛脚の日々の仕事で預かった人の銀子をちょろまかすという「封印切《ふういんきり》」をやらかしてしまうのです。これは獄門に値する犯罪です。死罪です。

しかし近松はこの忠兵衛の犯罪の裏側については、誰にでも覚えがあるようで、しかし不条理な心情については何も語ろうとはしません。なぜ忠兵衛が、前後の見境もなく、身を持ち崩すほどキレてしまい、そのあげく封印切をしてしまうのか。たしかにキレる前から、忠兵衛はふらふらしていました。あっちへ行こうか、こっちへ行こうか。その後の、逮捕をまぬがれるための死出の道行きというのも珍しくはありません。梅川のほうがむしろ毅然としています。もし浄瑠璃の太夫の声が聞こえていないならば、物語は平板であるとしか思えません。何ということでしょう。近松は最後まであくまでも冷淡なままなのです。作家として、ほとんど何の感情移入もありません。これは、物を書けばわかることですが、作家としてはかなり異常なことです。主人公である忠兵衛は最後までうろうろしたままです。「一度は思案二度は不試案《ふしあん》三度飛脚。戻れば合せて六道の冥途の飛脚と」。うろうろする忠兵衛について、そうなる前から、近松はこんな風に不吉なこともさらりと書いてのけています。忠兵衛には未来はなかったかのようなのです。

物語？　近松は、事実にほかならないエピソードを積み重ね、物語をなぞることによって、少なくとも物語の箍《たが》を外しにかかっています。この場合の物語という言葉は、外国語がそうであるように、歴史という意味もあり、歴史という言葉と同義です。近松は歴史にもはや教訓など見出すすべはないと言っているみたいです。歴史には義理人情の入る余地はないのだ、と。

世話浄瑠璃と時代浄瑠璃がことさらに違いを強調するかのように設定された理由はこのへんにあるのでしょうか。その意味において、すでに述べたように、近松はその度し難さにおいて、リアリストなのだと思います。リアリズムと言っても、いろんなリアリストがいるし、ここではたいして深い意味はありません。それよりももっと先に進んで考えれば、一見、ただ事実をなぞるような近松の見事な筆致において、歴史＝物語は破綻するのです。破綻という言葉が強すぎるなら、物語の綻《ほころ》びと言い換えてもいいでしょう。ともあれ、このいきさつは、人を考え込ませるものを持っています。物語のなかの物語の破綻などつゆ知らない江戸時代に、近松はそれをやっているとしか思えません。虚なのか、実なのか。近松自身が言うとおり、虚実は薄い膜で隔てられているだけです。

近松門左衛門という人は特異な人です。あの時代、作家としての境遇を鑑みても、不思議な人です。これほどの文章家なのに、ロマンチシズムに傾くこともありません。文章は第一級です。これは現代の作家、ジャーナリストその他の書生たち、私自身を含めて、見習わなければならないことでしょう。現代作家たちよ、精進あるのみです。皮肉な近松はそう言っているかのようです。心せよ、現代作家ども！　そうでないなら、作家など何ほどのものでしょう。忠兵衛と同じように、ただのいいかげんな穀潰《ごくつぶ》しです。

この作品に「鳥」がしばしば出てくるのが妙に気にかかりました。鳥は飛び立って、また戻ってきます。やはり近松は第一級の作家なのです。

「封印切の段」はこんな風に始まります。

ゑい〱烏《からす》がなく〱、浮気烏が月夜も闇も、首尾を求めてな、逢はう〱とさ青編笠の紅葉して、炭火仄《ほの》めく夕べまで思ひ〱の恋風や、恋と哀れは種一つ、梅芳しく松高き、位はよしや引締めて哀れ深きは見世女郎……

烏の鳴き声である「逢はう」は、「阿呆」に聞こえます。近松は忠兵衛を阿呆だとさらりと言ってのけているのです。アホウドリには悪いですが、まさに阿呆鳥が舞台に立っているのです。

しかも、今回の公演では上演されなかった近松の原作の最後の段の最後は、こんな風に終わっています。

腰の手拭、引絞りめんない千鳥百千鳥、泣くは梅川川千鳥水の流と身の行方。恋に沈みし浮名のみ難波に、残し止まりし。

（『冥途の飛脚』）

またしても烏です。烏は水の上に浮かんでいます。目の見えない烏、夜の烏は、難波のほうに向かって鳴いているのでしょうか。烏を殺さないで下さい、と言っているのでしょうか。

難波といえば、こんなことも浄瑠璃にあります。

めでたいと申さうか、お名残惜しいと申さうか、千日言ふても尽きぬこと、その千日が迷惑

迷惑なのは獄門に処せられる恐れがあるからです。千日は迷惑。迷惑どころではありません。つまり千日前の処刑場に引っ立てられたくはないということです。さるにても、現在の大阪の文楽劇場がかつて処刑場のあった千日前からさほど遠からぬところにあるのは、偶然なのでしょうか。偶然ではないと言いたくなります。

ところで、自らの死期を悟った近松門左衛門は、ある日、辞世文をしたためました。そこにはこんなことが記されていました。

代々甲冑の家に生まれながら、武林を離れ、三槐九卿《さんかいきゅうけい》につかへ、咫尺《しせき》し奉りて寸爵なく、市井に漂て商買しらず、隠に似て隠にあらず、賢に似て賢ならず、ものしりに似て何もしらず、世のまがいもの、からの大和の教ある道々、妓能、雑芸、滑稽の類まで、しらぬ事なげに、口にまかせ、筆にはしらせ、一生を囀《さえず》りちらし、今はの際にいふべく、おもふべき真の一大事は、一字半言もなき倒惑、こころに心の恥をおほひて……。

先祖代々の武家に生まれながら、武士の世界を捨て、身分ある公卿たちに身近に仕えても、何の身分もなく、庶民のあいだで呑気に暮らしても、商売も知らず、隠者のようで隠者でなく、賢者のようで賢者でなく、物知りのようで物知りでなく、世の中によくいるできそこないである、唐や大和の教えであるさまざまな学問、芸能、いろんな芸、お笑いの類いにいたるまで、知らないことはないとでもいうように、口からでまかせ、筆の走るままに書き散らし、一生、喋り散らしてきたが、今際《いまわ》の際《きわ》に言わねばならぬ、考えねばならぬ、ほんとうに大事なことは、ほんの少しの言葉もなくて当惑するばかり、心中ひそかに恥じ入っている……。

この辞世文をどう受け取ればいいのでしょう。私でなくても、少しは唖然としてしまいます。もちろん、これは自戒や反省などではありません。そんな風に考えるのは馬鹿げています。近松ほどの作家がこの場に及んで中学生の作文のようなものを書くはずがありません。文章もやはり見事としか言いようがありません。しかも自嘲ですらないと思います。もっと潔い感じすらします。なんとも近松門左衛門は複雑です。近松には何かしら激しさと言えるものがあると思います。私には彼が怒っているようにも思えます。この激しさとはいったい何なのでしょうか。

その後、「それでも辞世は？」と問う人があれば、こう詠んでおきましょう、とあります。どんでん返しです。人を食っています。

それぞ辞世　去ほどに扨《さて》もそののちに　残る桜が花しにほはば

すべてが終わって、それでも桜の花の香りがするならば、それこそが辞世である。つまり自分の書いた浄瑠璃が残っていれば、それこそが辞世であり、それだけが辞世なのだということなのでしょう。マルクス主義のマルクスらしくないあのマルクスの言い方を借りれば、「近松は言った、そして魂を救った」です。ずいぶんな辞世です。これは、自分は浄瑠璃を命がけで書いたのだ、自分の書いた作品すべてが辞世と言えるものだ、という自負なのでしょうか。しかし最後にはこうあります。

のこれとはおもふもおろか　うづみ火の　けぬまあだなる　くち木がきして

舌の根も乾かぬうちに、近松は言います。埋もれ火の消えない間に、朽ちた木に彫った浄瑠璃が残ってほしいなどと心に思うのは、愚かなことである、と。

自分の浄瑠璃作品が、それでも後世に伝えられたいなどと思うのは愚か者の考えである。……!!　なんとも言いようがありません。かっこいいでは済みません。これが畢生《ひっせい》の作家が書いた第一級の辞世であるとしなければ、なんなのでしょう。近松という人物はなんとも捉えどころがありません。近松の人格の複雑さはそのまま文章の隠れた複雑さに通じています。事実の単純さを装い、淡々と流れる名文の背後には、深淵が隠れています。一筋縄では行きません。凄腕の作家である左証です。そういうわけで、私は近松門左衛門のファンであることを公言せざるを得ないのです。

11　息をつめる

たしか日本の伝統芸術についての武智鉄二と富岡多恵子の対談で、「息をつめる」という話がされていたのを読んだ覚えがあります。息をつめる、息をこらす、息をこらえる、息を殺す。息を呑み込む。傘でも飲み込むように、息を呑み込むのでしょうか。だが息をつめて、事の成り行きを見ているのはこの息ではない。違うのです。ここでは、このつめた息こそが事の成り行きをつくりだしています。事の成り行きというものは、抽象的観点からすると、音楽に似ていなくもない。今回、目を閉じて浄瑠璃を聞いていると、その「息をつめる」ということを思い出しました。

目を閉じていては人形が見えないのですから、文楽を観ていて目を閉じることがあまりよろしくないことはわかっています。でも声は目には見えないし、つめた息はもっと見えません。つめた息は聞こえるのでしょうか。普通は聞こえませんが、聞こえることがあります。つまり聞こえるのです。卓越した技芸というものが、目には見えないところ、耳には聞こえないところに現れるのを、なんとなく感知できることは稀にあるし、日本の伝統芸能に限らず、ピアニストもバイオリニストもギタリストもドラマーも息をつめることがあります。

しかし浄瑠璃の息は、直接感じ取れるものであるし、感じ取らねばならない要ではないか。そうであればあるほど、息が切れ、息がつめられる絶妙な間《ま》を、声の途切れを感じたいと思わないわけにはいきません。それが浄瑠璃の「音」の全体をつくりだしているような気さえしてきます。しかし息をつめるとは、一瞬、沈黙することなのでしょうか。

声が、息が、呑み込まれ、とどめられ、途切れる。ふと、あるいは烈しく。息が呑み込まれ、さらに呑み込まれて、腹のなかにとどめられ、それからもう一度外へ出てゆき、かすれて、消えてしまう。見事なほど、悲しいくらいに。

文楽の「楽しさ」には、次の息へ、次の息へ、というある種の焦燥感が漂っているように思えるのは気のせいでしょうか。私自身の感想を差し挟ませてもらえば、私の好みは、この「かすれ」、この「消滅」にあるといっても過言ではありません。
　日常にあって憂さを晴らすなどという俗なことに関しても、それは何かの消滅に自分を委ねることです。これはまるで一定の時間をかけて絶句し続けることではないのかとさえ思えてきます。日常のなかで誰もが息抜きをしていると思っていても、実は息抜きをしているのでは、息を抜いているのではないのかもしれません。遊ぶ、などと言っても、ある年齢を過ぎると、ほんとうは息をこらえているのかもしれないのです。

　なるほど息をつめて、絶句するのです。誰もが絶句するのです。すべてのすぐれた作家はつねに絶句している。物語の途中、何でもいい、話の途上には、絶句があります。文学には、おかしなことに、あるいは哲学的に言っても、絶句だけがあるとしか言いようのないことだってあります。

　息が途切れる。だけど浄瑠璃は、単なる文章以上のものです。ライブなのですから。声と三味線の特質を考えれば、まさにライブ演奏の最たるものです。文楽は、ただの文章でも人形芝居でもなく、まずもって浄瑠璃であるということは、どうでもいいことではないと思います。

ところで、人形はどうなのでしょう。人形は息をつめるのでしょうか。息をこらえ、また息を殺すのでしょうか。舞台の上でまるで人形の息づかいが聞こえるかのようなのですから、人形が息をつめる瞬間もまた聴き取らねばならないところではないでしょうか。いや、聴き取るだけではない。私たちはそれを見てもいるのです。

武智鉄二は「息をつめる」ということを、武道や禅の専売特許ではなく、日本の農民から発したナンバ歩きの姿勢に関係づけていたように思いますが、私がここで言いたいのは必ずしもそういうことではありません。ノイズ・ミュージックにだって、息をつめる瞬間があるのですから、文楽ならなおさらです。

人形の繊細でかすかな身振りが停止します。人間の仕草を真似ているようで、それでいてとうてい人間には真似のできないこの動きは、なんとも惚れ惚れするものですが、人形は動かなくなります。仕草から仕草の消滅へ。これは息をつめるということではないでしょうか。こちらも息をつめて、動きを止めた人形を見てしまいます。舞台には同時に動いている人形もあります。息をつめてばかりではいられません。

緊張の糸はぴんと張られているのでしょうか。そうでなければならないでしょう。

それがぴんと張られていればいるほど、いずれ糸は切れてしまわねばならない。結局、糸は切れるに決まっているのです。琴線がつねに断ち切られることは必定なのです。息をつめて緊張し、息を吐いて緊張が途切れるのです。

今回観劇した「卅三間堂棟由来《さんじゅうさんげんどうむなぎのゆらい》」には、柳の精が出てきます。私にはそれが幽霊のようにも思えました。お柳《りゅう》といいます。お柳は夫の平太郎、平太郎の母、五歳の息子みどり丸とともに、紀伊国三熊野で仲睦まじく暮らしております。ところが白河法皇が都に三十三間堂を建立するために柳の大木が伐り倒されるという話を耳にします。法皇の頭痛の原因が、法皇の前世の髑髏が柳の梢に刺さっていることにあるからです。その髑髏を柳の木から外して三十三間堂に納めれば、頭痛は平癒するという熊野権現のお告げがあったのです。

もし柳が伐り倒されれば、木の精であるお柳は家族と別れねばなりません。人間の姿をして生きてはいけません。かわいい息子みどり丸とも離れればなれになるのです。やがて柳の木を伐る音が聞こえてきます。夫の平太郎は呑気に眠っています。夢うつの夫に、別れを嘆き悲しむお柳は、自分が平太郎の前世である梛《なぎ》の木と夫婦だった柳の精であるということを打ち明けます。目を覚ました平太郎は夢が現実だったと知って、お柳を抱きとめようとします。しかし柳の精に戻ったお柳は平太郎の手をすりぬけて、またたく間にかき消えてしまうのです。

お柳のこの消滅の仕方に興味をそそられました。人間の外観をしたお柳から柳の精と化したお柳への、人形としての変化はどうなのでしょうか。いま人間や人形という言葉を便宜上使いましたが、話はややこしくなるばかりです。これらが全部人形であることに変わりはありません。勿論、これは映画ではなく文楽ですから、もとよりこのシーンを映画が行うようなイメージ処理のかたちで幻想化することはできません。人間の外観も木の精の外観もともに人形によって表現されるわけですから、着物が白装束に変わりはすれど、顕著な物質的変化は起こりようがないのです。

ではどうして人間お柳から木の精お柳への変化がわかったのでしょう。私は人形の何を見ていたのでしょう。御簾《みす》（障子？）の向こうにお柳のシルエットの影が映し出される場面はたしかにありました。影が動いています。人形の影はたしかに人形そのものではありません。でもそれだけではありません。

人形は一瞬舞台から消えて、始めからそこにあったかのように、柳の精となったお柳が再び瞬時にして出現していたのです。物理的にこの手法、この演出方法を採るほかはないということはわかります。でも人形という物体の振る舞いには、あらためて考えさせられるところがありました。人形は「物」であり、古来より言われているように、そもそも物には魂が宿っているかもしれない。

消滅と出現が瞬時になされたのです。プロフェッショナルからすれば、技術的にはそれほど難しいことではないのかもしれません。でも下手をすれば、芝居が台無しになってしまう逢う魔が時の一瞬かもしれません。一言でいってしまえば、ですから私には、別の仕方で人形が息をつめたかのように見えたのでした。きっと演出をする人も人形遣いもまた息をつめたのでしょう。

「息をつめる」。人形が息をしているのなら、人形もまたたしかに息をつめるときがあるのだと思った次第です。

人形がほんの少し絶句したのです。

12　大急ぎの生き写し

川面を渡る風に吹かれて誰のものとも知れぬ短冊が、生涯を浮かべたように水に浮かぶ小舟にひらひらと舞い落ちる。蛍の火が水辺のあちこちに灯り、小舟からは三味線の音が聞こえています。『生《しょう》写《うつし》朝《あさ》顔《がお》話《ばなし》』の冒頭はたしかに抒情的であり、とても美しいものだと言っていいでしょう。

ひらひらと舞い落ちる短冊はえにしの歌を紡ぐ歌であり、今度は恋のえにしは空から落ちてきた禍いのように物語を紡ぐことになります。この川辺でたまたま出会った阿曾次郎に一目惚れした深雪は、すでに最初から朝顔に生き写しだったのでしょうか。阿曾次郎に恋心を抱き、ぼぉーとなった後の朝顔こと深雪は、扇子に歌を書いてくれと所望します。

露のひぬ間の朝顔を照らす日影のつれなきにあわれ一村雨のはらはらと降れかし

露が乾いてしまうまでは咲いている朝顔なのだから、日の光はつれないし、どうかにわか雨でも降っておくれ、というわけです。この歌はこの劇の要であり、概念であり、人にたとえるなら、ほとんど表に登場しない一種の狂言回しのようなものです。自分が一目惚れされていることに気づいて、それを書いて手渡す阿曾次郎も、儒学を勉強しているというのによくやるなあと思います。いきなりこの歌ですから。

私は思い違いをしているのでしょうか。浄瑠璃の声色、音色は、不思議なものです。これは、この歌は、情緒なのか性急さなのかよくわかりません。すべての日本の伝統芸能には、下世話な話の背後にも極度の抽象性が控えているように思えます。あるいは芸のもつ生々しさは、それが直截のものであれ、複雑なものであれ、時と場合によってはひとつの曖昧さ、高度な曖昧さを準備するものであるとも思います。このことをことさらに強調すべきではないのかもしれませんが、とにかく私が見ているのは現代演劇ではなく人形浄瑠璃なのです。

しかし冒頭の抒情はすぐに破られます。序破急はまずもってとりあえずの論理的で美学的な必然です。ですが、浄瑠璃が、実際の上演の時間がいくら長くても、物語のなかの有為転変を越えて、いつも急いでいるように思えるのは私の聞き違い、勘違いでしょうか。人形浄瑠璃全体の上演の長さは、急を要する関所、落としどころを際立たせるためにあるのではないかと思えるほどです。

ところで、なるほど源氏物語の時代このかた朝顔ははかなさの象徴であるのでしょうが、何しろ露が驟雨《しゅうう》にとってかわるくらいですから、朝の最初の光に蒸発してしまう露ではなく、降ったり止んだりまた強く降る叢雨《むらさめ》はただ哀れなだけではないでしょう。

言うまでもなく、朝顔は打たれ強いことを暗示しているなどと言えば誤読か無駄な深読みに、要するに言い過ぎになるでしょうし、さすがにこの朝顔の濡れる喩えが暴力的であるなどと言いたいのではありませんが、それでもこの喩えの脱線というか逸脱ぶりはどこかしら主人公の深雪という人に生き写しではないかと言いたくなります。

それに朝顔がいくらはかないものであったとしても、ともかく深雪本人はお転婆なお嬢さんです。エキセントリック娘です。それだけは言えるのではないでしょうか。何しろ短冊のえにしで一目惚れしてすぐに、火急の用事が舞い込んだ阿曾次郎が立ち去ろうとすると、出会ったのはついさっきなのに、もう縋《すが》りついて「行かないで！」と最初からわがままを言ってだだをこねるくらいなのです。

しかも深雪のエキセントリックは、これが手始めにすぎません。後の「岡崎隠れ家の段」での阿曾次郎に会いたさ故の身を焦がす意気消沈、自殺でもしかねないくらいのふさぎ虫、「明石浦船別れの段《あかしのうらふなわか》」で月影に照らされた海の上で船から船へと飛び移るお転婆ぶりと、再度の別れのつらさから脅迫ともいえる身投げへのほのめかし、そして出奔の後の落魄の身空、とうとう目の光を失って瞽女《ごぜ》に身をやつした深雪がかつての乳母と出会う場面「浜松小屋の段」……。すべてこのエキセントリックな深雪のキャラクターの真率さが原動力となっているのではないかと思います。劇は、深雪のエキセントリックな気まぐれにその鼻面をひきずり回されているといっても過言ではありません。

私は最初にちらっとミユキちゃんのお転婆ぶりを目にしたとき、ラジオ・ドラマ『君の名は』というよりむしろ三島由紀夫の『夏子の冒険』の夏子を思い出したほどです。きっぷのよさ、ということではありませんし、こんな比較にたいして根拠がないことはわかっています。三島由紀夫の小説作品が私の特別なお気に入りというわけでもありませんし、勿論こんな類推は単なる私の貧弱な妄想のなせるわざにすぎませんが、それでも文楽の、言葉のさまざまな意味における「間」は、このような妄想をかきたてるところがなきにしもあらずです。たぶん浄瑠璃の独特の「色気」はこのへんにも醸し出されているのではないかと思います。

それにハッピーエンドで終わることになるこの『生写朝顔話』は悲劇などではありませんし、少なくとも私は最初からそのような印象を受けました。

その感をさらに強くしたのは「薬売りの段」のあの売人、怪しげな医者くずれの桂庵です。浜松城下のお宮へといたる道端でこの悪人が売っているのはなんと笑い薬です。笑い薬！　察するところ、毒キノコか何かその類いのものなのでしょう。つまりありていに言えば、危険ドラッグです。おまけにこれは通りすがりの悪ふざけではなく、後の話の筋にとっても小さからぬひとつの鍵となります。なるほどここでは、それを演じる登場人物ともども、おかしな、愉快なトピックではあるのですが……。

勿論、伊勢神宮などにも「大麻札」という神札があったくらいですから、わが国にも古来よりそのような類いの不思議とも言えるような言えないような話題には事欠きません。このことは時間のなかに隠された多くの事柄の一端を語っていますし、あるひとつの古い真実を人類である私たちに突きつけるのですが、まあ、ここでは大袈裟すぎますし、その話はよしておきましょう。

ともあれ、近松の浄瑠璃などとは違って、この『生写朝顔話』にはいくつものそれらしい「出口」があるように思われます。この出口から人は楽しげに劇場を後にし、やがて自分の空想から抜け出すのでしょうか。ただそのへんのところは、ひとしなみには言えないところであるのかもしれません。だけど私がいままでここに書いてきたことはどれも言うところの出口に関することにすぎません。反対に、悲劇はひとつの充溢であり、充満です。最小限言えるのは、それは感情や情動についての充溢です。

ギリシア悲劇しかりです。

それにしても今回は「明石浦船別れの段」の鶴澤寛治《つるざわかんじ》師の三味線に聞き入ってしまいました。その音色を目を細めて思い浮かべるなら、いままで私が述べてきたことがほとんど無駄話のようにも思われ、自分が書いたことについていささか落胆せざるを得なくなります。

三味線の名人にかかると、浄瑠璃が人形に生き写しのようにもなるし、また人形が浄瑠璃に生き写しのようにもなり……。あの音色はいったいどこから響いてくるのでしょう。言うまでもなく、このことはとてもとても稀なことでしょうし、観客にとっての素晴らしい体験、経験ならぬ経験でもあるでしょう。

そして同時にこの生き写し現象の反対のことも起こるような気もします。何というか、つまり劇をある意味で決定づける音色や響きとともに、人形浄瑠璃の劇自体の、「乖離」のようなことが起こるのです。浄瑠璃の文章の意味とも筋立てとも無関係にです。これもまた極めつきの名人芸であるには違いありません。

三味線を持った少し傾《かし》げた肩の線から、そして斜めに傾いたような、涼しげな、どちらかといえば音量が少なめの寛治さんの趣ある三味線の音色の行方から、何かが静かに、にわかに、離脱してゆくような気がするのです。この点では人形浄瑠璃は他の何にも似ていません。恐らくこのようなことはギリシア悲劇には起こらないのでしょう。

だから私はこの離脱を前にしてもう筆を擱《お》かざるを得ないのです。

13　妖異と政治

一大スペクタクル『玉藻前曦袂《たまものまえあさひのたもと》』はずいぶん人気があるらしく、私が観劇した日も文楽劇場は大入り満員に近く、とりわけ最後の段で、妖怪である金毛九尾の狐が石と化した後に「七変化《へんげ》」（八変化？）するところでは、やんやの大喝采でした。妖狐をあんまさんや女郎などさまざまな人物や雷神に変化させる人形遣いのスピーディな技芸を次から次へと見ることができるのですから、当然といえば当然なのでしょう。

ギリシア神話に出てくる蛇の髪をしたメドゥーサは人を睨みつけて石に変えてしまいますが、一方、この妖狐は撃退されて「殺生石」に変えられてしまった後に、どうやら夜な夜な再び変化して、私の想像では、またぞろ巷に生き延びるらしいのです。この劇自体も「化粧殺生石」の段、妖狐の舞いのまま幕を閉じます。

おまけに前の段では、最後に陰陽師安倍泰成《あべのやすなり》（安倍晴明になぞらえているのでしょう）と対決した悪人中の悪人である薄雲皇子《うすぐものおうじ》（人間としての悪を体現する皇子はなかなか迫力があります）の謀反は失敗におわるとはいえ、芝居のなかで彼は打ち殺されて息の根を止められることもありません。したがってこの芝居はある意味で完結することなく、悪は悪の姿のまま、えにしはえにしを断ち切ることなく、楽しいスペクタクルが終わると観客はそのまま劇場をあとにするというわけです。

この人気にもかかわらず、『玉藻前曦袂』は、それでもしょっちゅう上演されていた演目ではなかったようです。淡路人形芝居の人気の演目（こちらは短くつづめてある）のひとつでもありますが、文楽ではこのような通しの形での上演はほぼ百年ぶりだそうで、最後の「七変化」も四十一年ぶりだそうです。今日見たかぎりこれほど人気があるのにどうしてなのだろう、と劇場からの帰るさ、ふと考えてしまいました。

それは、美しく艶《なまめ》かしい玉藻前から妖怪である狐への変化、あるいは他の変化が技術的にも趣向を要する難しいものであることもさることながら、この「七変化」へといたる話の結構がかなり複雑であるからなのかもしれません。

しかしこんな風に話が成立していなければ、見せ所であるには違いないヘンゲは説得力に欠けたものになるやもしれません。舞台の上の展開と転換が物理的な意匠を纏えば纏うほど、事は、つまり全体の道行きは、単純なものに化けてしまう危険があるのは人形浄瑠璃に限ったことではないでしょう。

では、どのようにして玉藻前は妖狐になるのでしょう。ちょっと長くなりそうですが、事の顚末を書いてみます。

日蝕の日に生まれたために帝位につくことができず、謀反を企む薄雲皇子は藤原道春の娘桂姫に一目惚れだったのですが、何度召し出そうとも桂姫には応じる気配がありません。皇子は金藤次《きんとうじ》を遣わし、今度言うことを聞かなければ首をとってしまえと命じます。日蝕の日が不吉な日であるのは、ここが天照《あまてらす》の国だからでしょうか。いきなり政治と欲望の登場です。政治と占星術と謀反。

桂姫は陰陽師安倍泰成の弟である安倍采女之助《うねめのすけ》にぞっこんなのですが（やはり！）、その采女之助は彼女の恋慕に応えることなく、道春の家から盗まれた獅子王の剣の行方を探しています。その剣はかつて天竺で金毛九尾の妖狐を撃退した名剣で、じつはすでに皇子の命で金藤次によってあらかじめ盗み取られてしまっていたのです。政治にはつねに陰謀がつきものというわけです。

その金藤次が最後通牒を突きつけに来ます。自分が盗んでもうここには無いことがわかっているのに、獅子王の剣か、それとも桂姫の首を差し出せと言うのです。剣と首！　剣か首か？

桂姫には妹がいて初花姫といいます。姉妹がそっと立ち聞きしていると、母である萩の方が姉の桂姫の出自の秘密を語っているではありませんか。桂姫は、道春が清水寺近くで拾った子、子宝に恵まれなかった夫婦が神から授かった子だと言うのです。そんな桂姫を殺すことはできないので、実子である妹の初花姫を身代わりにしてはくれないかと母は申し出るのです。このような話はいにしえの日本の政治にはつきものですが、それはそれで恐ろしい話です。

金藤次は拒否しますが、母は引き下がりません。結局、姉妹に双六をさせて、なんと負けたほうの首を討てばいいということになるのです。ここまでの話の流れも現代的観点からすればすでに尋常ではありませんが、芝居はたんたんと進んでゆきます。

すぐに双六の勝負はつきました。妹が負けてしまったのです。ところが金藤次はすぐさま姉の桂姫の首を討ち落としてしまいます。怒った母は金藤次に薙刀で切りかかり、それまで隠れていた采女之助が助っ人となって金藤次の腹を刺します。すると止めを刺される前に金藤次が自ら語り始めます。真実が明かされるのです。話はぐっと内側にめり込み、「戻り」ます。今しがた首を切り落としたばかりの桂姫こそはかつて自分が捨てた子であり、獅子王の剣は皇子の命で自分が盗んだのだということをばらしてしまうのです。ここでもまた、えにしは断ち切られることなく、奇縁が奇縁をつなぐものとしてかろうじて残されたことになります。

物語はさらに続きます。そこへ勅使がやって来ます。歌合わせで詠んだ初花姫の歌を帝がいたく気に入ったので、すぐさま玉藻前と名を改めて宮中に仕えよとの勅令が下ったと言うのです。帝とその出来の悪い兄が姉妹をくどいたことになります。

采女之助は采女之助で、獅子王の剣を奪い返すために、桂姫の首をたずさえて宮廷に向かいます。その頃、平安京の庭では妖異なことが起きています。一陣の風が立ち上がり黒雲が空を覆うと、金毛九尾の狐が姿をあらわし、神泉苑のほうへ消えてゆきます。

そして神泉苑の御殿で玉藻前が、姉であった桂姫の死を嘆き悲しんでいると、すぐに狐が現れ玉藻前に襲いかかり、かくして妖狐は玉藻前に取り憑き、彼女をまるごと乗っ取ってしまうのです。憑依とは所有することですし、政治も権力の奪取なのですから、人を乗っ取る、そういうことなのでしょうか。

玉藻前に化けた狐が御殿の奥へ向かってしずしず歩いていると、帝である鳥羽天皇の兄の薄雲皇子が現れ、またしても玉藻前に横恋慕し、口説き、舌の根も乾かぬうちに、謀反成功の暁にはおまえを妃にしてやるなどと企みを打ち明けます。とんでもない兄です。ここには性をめぐる禁忌を破る雰囲気がありますが、まあ、その話はいいでしょう。

それを聞いた玉藻前は、待っていましたとばかりに妖怪としての本性をあらわします。狐はかつて天竺では斑足王《はんそくおう》の后である花陽夫人《かようぶにん》に化け、唐土《もろこし》では紂王《ちゅうおう》の后である妲妃《だっき》に姿を変え、世を乱し、人心を惑わし、今度は神道と仏道を亡ぼして、日本を魔道の世界に変えてしまうのだと抱負を語るのです。皇子の謀反に加担するから、ともに世を滅ぼそう、と。大陸を渡り、歳月を経た憑依は何のために行われたのでしょう。もちろん、権力の奪取、いずれにせよ世を支配するためだったのです。

その後、またもや薄雲皇子のお気に入りである（気の多い皇子です）、じつは出自を隠した高級遊女、なかなか気骨のある傾城亀菊が登場して、怠け者の薄雲皇子に代わってなかなか愉快な裁きを行ったりしますが（裁判をやるのは高級娼婦です）、薄雲皇子から取り戻した八咫《やた》の鏡を采女之助に渡して皇子を裏切り、逆に殺されてしまいます。このあたりの顚末はすこし割愛しておきましょう。

そして最後に、すでに獅子王の剣を取り戻していた陰陽師安倍泰成の祈禱によって、玉藻前に化けた妖狐は撃退され調伏されてしまうのです。

人形浄瑠璃を観劇していると、浄瑠璃のせいなのか人形のせいなのか、時間の流れがゆるやかなので、いろいろなことを考えてしまいます。

カルデアの昔からまつりごとは何やら「不可知なもの」に結びついていたようです。人形や浄瑠璃が「不可知なもの」に結びついていると言えばたしかにそうではあるのですが、この場合は別の事柄です。カルデアの場合は、占星術や魔術ですが、それにわれわれには卑弥呼の時代からの「まつりごと」ということもあったわけですが、この浄瑠璃の話の設定がまず面白いのは、狐が天竺、唐土、日本という三つの場所、三つの時代を股にかけていることです。たとえこれが後に追加されたお話であったとしても、多くの伝承がそうであるかのように、しかるべくそれはついに最後に日本にやって来たみたいなのです。
　悪は外部からやって来たとでも言わんばかりに……。しかし妖怪の狐は土着のものではないのでしょうか。魔道も宗教も当然のことながら簡単に国境を越えてしまいますが、妖異は文字どおり場所と時間を選ばず変幻自在なのです。われわれの想像以上に、当時すでにこの国は政治も文化もインターナショナルなものになっていたと思われますが、ここでの妖異は悪の象徴とはいえ、そもそも金毛九尾の狐は日本の稲荷信仰などとも無関係ではないのではないかと私は思っています。しかも金毛九尾の狐の化身は、当然のことのように、なぜかつねに絶世の美女でなければならないのです。

　ところで政治は、いまも昔も、欲望の坩堝であり、政治には表もあれば裏もあることは誰もが知っていることです。政治の欲望は一種の悪魔主義にまで行き着くことがあるようですし、魔道はいたるところにあります。暴君以上の暴君であったというローマ帝国の少年皇帝ヘリオガバルスやヒトラーを引き合いに出す必要もないかもしれません。小ぶりなモデルにもいろいろ事欠きません。なるほどヒトラーとナチスは実践的意味においてオカルトに大変興味を抱いていた節があるようですが、われらが陰陽師はかつて宮廷の役人だったというくらいですし、いつかのアメリカの大統領夫人だって、どこかの国の首相のご母堂だって、占いや怪しげな宗教の聖典と首っ引きだという噂もあるくらいなのですから、その手の面白い、歴史上のあるいはアクチュアルな逸話がふんだんにあることくらいはわれわれも承知しています。だけどこれが現実の政治をほんとうに動かしているとなると、話はぜんぜん別のものになってしまいそうです。政治は恐らく妄想や怨念とむすびついていますが、妄想が現実化されるなら、それはたいていの場合、人々に不幸をもたらすことは必定でしょう。

そうであれば、全部妖狐が悪い、と決めつけてしまうのはどうなのでしょうか。狐がかわいそうにも思えます。現実の「魔道」じみたものは、日々、いたるところに見受けられますが、「妖異な悪」はほんとうに存在しているのでしょうか。そんな悪がしかと存在しているのかどうか私にはわかりませんが、存在しているように感じるときもありますし（何しろ世界は広いし、大自然のことは人間にはなかなかわかりません）、また妖狐よりもミカドの弟である薄雲皇子のほうが性悪で、性根が腐っていて、ほんとうに「悪魔」のような輩、それとも悪魔そのものなのかもしれませんし、そうではないのかもしれません。いい加減なことを言っているのではありません。正直、わからないのです。

ともあれ、ここでシーザーの言葉をわけもなく思い出してしまいました。「われわれの過ちは」、とシーザーはブルータスに言ったようです、「星々のなかにではなく、われわれのなかにあるのだ」、と。政治と権力は天を仰いだのでしょうか。星々は石でできています。殺生石でできているやもしれません。勿論、シーザーはここで自らの運命について述べているのでしょうが、これをまったく明後日の方向へ勝手に間違った読み方をすることだってできそうな気がするのです。

昔は雲の上臈《うえわらわ》、今魂は天下《あまさ》がる鄙に残りて悪念の、その妄執の晴れやらぬ、恨みは石に留まりて……

（『化粧殺生石《けわいせっしょうせき》』）

14　隠れた主役

近松門左衛門といえば、いまではその名を知らない者はないと言っていいでしょうが、かつては浄瑠璃も歌舞伎も、芝居を書く作者の地位はわれわれが思っている以上に低いものでした。低いどころではない。浄瑠璃にしろ、歌舞伎にしろ、身分制度の厳しい時代でしたから、そもそも芸能それ自体と芸能を担う芸能者自身の社会的地位が低かったばかりではありません。いまからすればかなり考えにくいことですが、作者の地位はなかでも一段と低く、作者の名前すらほとんどおおやけにされることはありませんでした。

作者など、芸能自体にとっても、またそれを見る観客にとっても、まったく重きをなしてはおらず、どこの誰でもいいし、どうでもいいというわけです。作者の地位の低さについては、少し想像してみれば、例えば歌舞伎の舞台は役者が基になっていて役者本位であるし、なんといっても歌舞伎は役者の大盤振る舞いの世界であるから言うまでもなかったでしょうが、浄瑠璃でも、あくまで作者は太夫の語る詞章のために、太夫の浄瑠璃の芸をある意味で補佐するためだけにいるかのようですし、実際、お話の「作者」であることはまったく重宝がられはしなかったらしいのです。

ところがそんな時代に近松門左衛門はついに自分の名前を出した。そして非難された。非難されましたが、非難は近松によって無視されました。近松は名前を出しつづけましたが、いまからすれば普通だともいえる、この出たがり、自己顕示欲、自分の作品に対する「自負」と「自慢」には、もう少し複雑な意味があったように思われます。はたしてそれを書いた作者は隠れた主役だったのでしょうか。

近松は「代々甲冑の家に生まれ」、つまり武家の出身だったのですから、その当時いかに近松が浪人であったとはいえ、芸能の世界に足を踏み入れたことによるこの身分の落差、住んできた世界、いま住んでいる、これから住むであろう世界の落差は小さいはずはありません。しかもそのことに近松の作家としての実力と自分の実力に対する言い知れぬ自負が加味されれば、近松の作家としての特異さの形成に何らかの影響を及ぼさないはずはなかったと思います。

近松門左衛門は、その淡々として事実をなぞるような筆致にもかかわらず、あるいは意識的とも思えるそのロマン主義の欠如にもかかわらず、すでに述べたように、最初から複雑な作家であったと考えざるを得ません。近松作品のリアリストめいた「冷淡さ」の蔭には、繰り返しになりますが、最後まで作者自身によってそれなりに巧妙に隠されているとはいえ、どこからともなく醸し出される、それもときには突発的でもある「怒り」のようなものが私には感じられるのですが、そんな沸々とした怒りはいったい奈辺から出て来たのだと言えばいいのでしょう。よりによって大衆（そう言っていいでしょう）芸能にこめられた「怒り」。たぶん近松はそういった自分の心情あるいは意図については知らんぷりを決め込んでいたのでしょうが、それは近松門左衛門の偉大さをちっとも損なうものではなかったはずです。

浄瑠璃の太夫や三味線も、そして人形遣いも、生身の肉体が演じています。それは、崇高なまでに、たぶん悲壮なまでに、一回限りのものです。その瞬間において、そのつど、そして太夫たちの人生においてや（今回、第一部の『関取千両幟《せきとりせんりょうのぼり》』は豊竹嶋太夫《しまたゆう》師の引退披露狂言でした)。

しかし浄瑠璃の声、三味線の音色はその瞬間に失われても、浄瑠璃の詞章は残されます。すべての戯曲が「文学」であるのはこの意味においてです。近松門左衛門が「日本のシェイクスピア」と呼ばれようが呼ばれまいが、近松の辞世の句を読めば、詞章だけが残されてしまうというこの当たり前で、当たり前でない事実を、すでに近松は生前に強く意識していたのではないかと思ってしまうのです。

さて、そんな近松が書いた時代浄瑠璃『国性爺合戦《こくせんやかっせん》』です。初代竹本義太夫が没し、危機に瀕していた大坂竹本座でこの芝居が上演され、竹本座は息を吹き返したのですから、好評を博した芝居だったことは間違いないのでしょう。それでもこの時代物は、さすが近松らしいと言えばいいのか、私には幾つかの点で尋常ならざるもの、ある意味で異様なものに映りました。私は作家近松門左衛門のにわかファンであり、日本の伝統芸能については言うに及ばず、近松門左衛門についても研究したことはありません。ただの門外漢にすぎないのですから、間違ったことを言って恥をかくかもしれませんが、それでもあえて思いつくままに述べてみようと思います。

主人公の和藤内《わとうない》（国性爺）は、歴史上の人物であり、中国人を父に、日本人を母にもつ明代の軍人であった鄭成功《ていせいこう》をモデルにしています。時は鎖国の時代である。異国情緒溢れるこの芝居に近松の政治的意図が働いていたのかいなかったのか。当時の大坂の民衆がこの純日本風ではない物語にどんな感慨あるいは反感をもったのか興味深いところですが、それは私にはわかりません。

ともあれ、簡単に話の展開を説明しておきましょう。今回の公演は、和藤内一家が韃靼人《だったんじん》の支配する明朝の大陸に渡り、悲劇的にして、別の見方をすれば、勇ましくも希望に満ちたまま終わりを迎える三段目からではなく、初段からの上演であり、それは三十二年ぶりのことだったようですが、ここでは少し話をはしょることをお許し願いたい。

和藤内は明と日本のハーフである。父は鄭芝龍《ていしりゅう》といい、韃靼王におもねる逆臣、裏切り者の李蹈天《りとうてん》に敵対する訴えを起こしたことによってかつて明国を追放された軍人だった。鄭芝龍は九州の肥前国平戸に移り住み、名を老一官《ろういっかん》と変えた。中国人の父と、日本人の母、ハーフの息子の和藤内。和藤内は漁のかたわら兵法を学んだ偉丈夫の軍人である。

ある日、和藤内とその妻が干潟に出ると、一艘の小舟が漂着する。舟にはひとりの唐土の貴婦人が乗っている。なんと、かつて李蹈天との政略縁談から逃げて来た皇帝の妹ではないか。和藤内と父の老一官は、皇女から李蹈天の陰謀による明国の衰亡のありさまと皇女の苦難の境遇を聞いて、唐土に渡る決心をする。

老一官には唐土で生き別れになった娘がいた。和藤内の腹違いの姉であるが、彼女は五常軍甘輝《かんき》の妻となっていた。軍人である父と息子、そしてなぜか老いたる母も加えた三人は、こうして海を渡り、ひそかに甘輝に援軍を頼むためにその城、獅子が城に到着する。しかしすでに世は韃靼王の支配下である。おりしも甘輝は不在であり、警護は厳しく、見張りの兵は取り合わず鉄砲を彼らに向けるが、父は娘である甘輝の妻錦祥女《きんしょうじょ》に面会を求める。かくして父は懐かしい娘との再会を果たし、桜門の上に現れた錦祥女に身の上を語るのである。

しかし韃靼王の命によって、親類縁者であっても他国人は城内に入ることはまかりならない。それならばと老母（といっても錦祥女とは血のつながりはない）が、お縄を頂戴した上で城に入ることを申し出るのである。囚われびとの老人なら、掟に背くことにもなるまい。ここで並み居る二人の軍人たちを差し置いて、母の知恵が全面に出てくることも尋常ではない感じがします。

錦祥女は義理の母を丁重にもてなしているが、そこへ甘輝が戻って来る。母は老一官と和藤内が韃靼王を討って明国を再興するためにこの唐土まで来たのだという事の顚末を甘輝に語る。

甘輝は韃靼王から直々に大役を命じられたところだった。老母の前で、その甘輝はいきなり妻の錦祥女の喉元に短刀を突きつける。大役とは、明国再興のために日本から来た和藤内を討つことだったのである。自らも明国の臣下であり、協力したいのはやまやまであるが、日本人とひと太刀も交えずに、妻ごときの縁によって和藤内に味方したことになれば末代までの恥となる。よって和藤内に味方をするには、妻の命をとらねばならぬ、と言明するのである。まことに奇妙な理屈ではありません。いかなる恥なのでしょう。これは妻の異母兄弟に日本人の血が流れているからなのでしょうか。しかし妻は中国人である……。

母を縛って入城させる際に、ひとつの約束があった。甘輝が老一官の願いを聞き入れたならば、錦祥女が城の水路に白粉を流し、そうでなければ紅粉を流すということになっていた。城壁の外ではなすすべもない和藤内と老一官がじっと待っている。流れてきたのは赤い水である。望みは叶わなかった。城内へとなだれ込む和藤内。和藤内と甘輝が一戦を交えんとしたとき、割って入った錦祥女がすでに自らの胸に突き立てていた短剣を見せる。

母上は日本の国の恥を思し召し殺すまいとなさるけれど、我が命を惜しみて親兄弟を貢がずば唐土の国の恥……。

流れてきた赤い水は紅粉ではなく、錦祥女自らが流した血だったのである。かくなるうえは誰からも非難されることはないから、和藤内の味方になって韃靼王を討ってほしい、と息も絶え絶えの錦祥女は涙を流す。夫の甘輝はそれを受け入れる。
だが、それで終わりではありません。なんと今度は、突然、母が錦祥女の懐剣をひったくり、自分の喉に突き立てるのです。そして死にゆく母は最後の言葉を述べる、アヽ嬉しや本望や、アヽアレあれを見や錦祥女、御身が命捨てしゆゑ、親子の本望達したり、親子と思へど天下の本望、この剣は九寸五分なれど四百州を治める自害。この上に母が存《なが》へては始めの詞虚言となり、再び日本の国の恥を引き起こす

ノウ甘輝国性爺、母や娘の最期をも必ず嘆くな悲しむな、韃靼王は面々が母の敵妻の敵と思へば討つに力あり、気をたるませぬ母の慈悲、この遺言を忘るゝな、父一官がおはすれば親にはことを欠くまいぞ、母は死して諫めをなし父は存《なが》へ教訓せば、世に不足なき大将軍浮世の思ひ出これまで

日本の武士の妻の言葉としてはわれわれもよく耳にしてきたものですが、動機は必ずしも日本風国粋主義的なものであるとは言い難いと思います。彼女の夫と義理の娘は中国人であり、何を措いてもすべては明国再興のためであるからです。史実は、和藤内すなわち鄭成功《ていせいこう》は台湾に渡り、暴力的な仕方でオランダ人を追い払い、明国すなわち中国本土へのいわば台湾の抵抗運動、レジスタンスの英雄となったのですから、

近松は話をまったく違う方向へシフトさせたことになります。

最後に母が自害してこの話が終わるということは、作者である近松門左衛門にとって、もちろんどうでもいいことなどではありません。甘輝の妻が自害すればそれで話は済んでいたのではなかったのか。それで明国再興のためにともに出陣できていたのではないのか。

私はこの芝居の物語としての要がここにあるような気がしました。なぜ母は死ぬのか。武勲のために、日本のみならず中国の大義のために、一緒に海を渡り、息子と夫の武勲のために、しかし見ていろと言わんばかりに、目の前の夫と息子を差し置き、その武勲にお預けを喰わせ、単純な彼らの無策をねじ伏せるようにして、あらゆる話の落としまえをつけてしまう母。隠れた主役。これが異様でなくてなんでしょうか。普通はこんなことはあり得ないでしょうから、どうして近松はありそうもないことをあえて書いたのでしょうか。

日本人にとって「他者」はどこにいたのだろう。明国にとっての「他者」は？　母にとっては「他者」などいなかったということなのでしょうか。日本、中国。戦いという妄執の根本にあったはずの「父の名」はすたれてしまった。血はもはやほとんど関係ない。血はふんだんに流れたのだから……。

鎖国の時代に近松はすでにそれを知っていて、そう考えたのでしょうか。やはり近松は一筋縄ではいかない作家なのです。

15　神はどこにいるのか

神といっても「機械仕掛けの神」です。Deus ex machina. ラテン語で「デウス・エクス・マキナ」。古代ギリシア演劇の発明ですが、紀元前からあるこの手法はわれわれにも馴染みのないものではありません。芝居の話がこんがらがってきて、錯綜のあまりわけがわからなくなったとき、とつぜん登場して、話の筋を解きほぐす、というよりはむしろ断ち切り、解決に導く「神」。物語はこの神によって一応の収束を見せることになります。めでたし、めでたし、というわけです。悲劇作家のアイスキュロス、ソポクレスにも見られる手法ですが、特にエウリピデスが好んだようです。

なぜ「機械仕掛け」なのかは諸説あるようですが、機械仕掛けのように、つまり判で押したようにこの神が都合よく登場するからなのか、それともそれ自体が舞台装置のようなものであると考えられるからなのか、つまびらかではありません。

ギリシア人たちではなく、われわれにとって一番分かりやすく言えば、ドラマの最後近く、やにわに登場する水戸黄門の印籠のようなものだと言っていいかもしれません。「この紋所が目に入らぬか!」「ははあ」。全員がひれ伏し、はい、これでおしまい、あとは開き直った輩を成敗するだけ、というわけです。水戸黄門なら、この印籠はたしかに水戸黄門のものなのだから、まだ話の辻褄があっていますが、もっと唐突な、都合がよすぎて不都合極まりないような「機械仕掛けの神」、筋にはほとんど無関係な「ほんもの」の神（芝居の上のことですが）がいきなり登場して出し抜けに裁きを行うということもあります。

今回、『妹《いも》背《せ》山《やま》婦女《おんな》庭訓《ていきん》』をはじめて観たのですが、芝居が進むにつれて、この芝居には、はたして「機械仕掛けの神」が登場するのかと余計なことをずっと考えていました。登場しないことは私にもうすうす分かってはいたのですが、なぜそんな無粋なことを考えてしまったかというと、芝居の途中も、見終わったあとも、主人公が誰なのかよくわからなくなったからです。体調が悪いという問題もあって、私は最初第二部を観て、また別の日に第一部を観るという邪道を地でいくようなことをやってしまったので、第二部を観終わったあと、第一部を観ていなかったものだから、逆にそのことがずっと頭にこびりついて離れなくなっていました。それに第一部を観ても、第二部観劇後のもやもやは解消するどころか、さらにひどくなった。それとも私は注意散漫なあまり単にこの芝居がわからなかっただけだということなのでしょうか。

主人公がはっきりしないのであっても、話は断ち切られるか、きっと収束はするのでしょうが、それにしても……、そう思ったのです。もちろん話の錯綜という点では、この芝居にかぎらず、文楽では珍しいことではないのですが、何しろ長いこの芝居は、それに反してスペクタクルという点では随所にかなりめりはりのあるシーンがあるのだし……。

おまけに今回のパンフレットの巻頭の文章を読んでみると、作家の橋本治がかつて本作の「山の段」を評した武智鉄二のことを引き合いに出して、この段の主人公らしき役柄を問題にしていました。文楽に詳しい橋本氏の言うことですから、とても聞き捨てにはできません。橋本氏が読んだ本のなかで、武智鉄二は、「この場の中心となる一番立派な人物は久我之助《こがのすけ》」であるのに、そのことに理解のない当時の役者たちに怒りをぶつけていたと言うのです。少しはしょって言うなら、「一番立派な人物」とは、別の言い方をすれば、これが「山の段」に限るとしても、主人公だということではないのか。

もちろん物語の全体から言えば、そして説話論的に言えば、この芝居の主人公は、悪人である蘇我入鹿《そがのいるか》であることは間違いないでしょう。でも最後の浄瑠璃作家だったと言えるかもしれない作者近松半二がつけたタイトルは『妹背山婦女庭訓』です。女性の教訓。これが女性による女性のための教訓であれば、主人公はやはり女性でなければならないということになりはしないでしょうか。

女性の主人公たち……。

大判事の子息、久我之助と恋仲の雛鳥《ひなどり》。ロメオとジュリエットのように二人の家は遺恨があるらしい敵同士です。最後は、といってもこの段の最後ですが、久我之助の切腹、雛鳥の自害とも受け取れる死で終わり、介錯された首が二つ並ぶことになります。「妹山背山《いもやませやま》の段」の悲劇を眺めれば、雛鳥はじつに脇役などではないのですが、全体の話の筋からすればこれはやはり一エピソードでしかないのかもしれない。これが第一部。

第二部はどうなのでしょう。じつは藤原淡海《ふじわらのたんかい》その人であることが後でわかる、一見イケメンの女たらしに見える求馬《もとめ》、その彼にぞっこんであるお三輪。庶民の出身であるお三輪は、(蘇我入鹿征伐のために)話のひとつの要ともなるのですが、切れてしまった苧環《おだまき》の糸を手にし、嫉妬に狂う「疑着の相ある女」です。女性はお三輪だけではない。求馬を慕うもうひとりの恋敵、結局はお三輪を差し置いて求馬を勝ち取ったように見える橘姫もいるではないですか。彼女はじつは蘇我入鹿の妹であるにもかかわらず、求馬のために兄の入鹿を裏切るのです。第二部最後の「金殿の段」を観ると、舞台の人形の動きや表情からすれば、お三輪がかなり目立つ存在であり、たぶん観劇した女性たちにとっても、お三輪へのある意味での共感はひとしおだったのではないでしょうか(私自身はそうではなかったですが……)。でもここでも話の筋からすれば、お三輪と比べても、橘姫は脇役とも言えないのです。

男の登場人物についてここに詳述したいという気はもうほとんど私に失せていますが、蘇我入鹿以外にも、例えば、第一部の「蝦夷子館《えみしやかた》の段」に登場した入鹿の親父である曾我蝦夷子を観たとき、話の筋を知らなかった私は（話を知っている芝居も、知らない芝居であっても、観劇の前に下調べをしたり、パンフレットを読んだりすることはあえてしません。何度も言いますが、芝居を見るときの私は江戸時代のひとりの大坂の庶民です）、人形の存在感からして、主人公は彼なのかと勘違いしたほどです。

いままで挙げた人物のなかでも、久我之助も主人公と見紛うところが多々あります。でもその父、大判事もいます。作者になりかわって不埒な想像をすれば、この人は話を別の方向にもっていく可能性を秘めた役どころでしたが、そうはならない歯痒さもあります。勝手に誤読すれば、芝居全体から考えても、武智鉄二はもしかしたら久我之助を主人公と見なしていたのかもしれません。でもそれではあんまりというか、滅茶苦茶です。

勝手な感想を述べてきましたが、結論じみたことをあえて言うなら、この芝居にはいわゆる主人公などいないのかもしれません。主人公はあってないようなものなのです。それでいいではないかとも思います。筋はたしかにあります。アイスキュロスの最も古い悲劇と言われる『ペルサイ』のように筋すらないということはありません。

作者である近松半二はどれほどの苦労をしたのでしょう。芝居を書くというのは大変なことです。

主人公はあってもなくてもよい。筋もあってもなくてもよい。人形浄瑠璃に限って言っているのではありません。ギリシア悲劇からエリザベス朝演劇まで。そして私の敬愛する二十世紀の演劇の革命家アントナン・アルトーや、われわれの知る現代の前衛演劇にいたるまでそう言えると思います。

おまけにギリシア悲劇などとは異なり、文楽には浄瑠璃も三味線もあります。これは強みです。さらに生身の役者ではなく、人形である。主人公の不在に関して、生身の役者ではないという点はひとつのミソかもしれません。生身の役者であればなかなかこうはいかないでしょう。

声にびっくりして浄瑠璃の太夫のほうを見たり、三味線に聞き入ったり、はたまた人形を見たり、いつも私はきょろきょろしています。同時に三者を見ることはできません。おまけに今回は太夫の数も多い。人形を見ていない瞬間がけっこうあることを自分でも分かっています。生身の役者が演じる主人公はつねに衆人環視のもとにおかれる。注目の的です。人形の場合でも注目の的ということでは変わりないですが、こちらの生理的、大脳生理学的要件が異なってきます。生身であれば、強迫のようにじっと凝視せざるを得ません。暑苦しい肉体があるからです。それに教養のないわれわれには浄瑠璃の詞章、本来は余計なものであるはずのあの字幕を見る必要だってあります。

太夫、三味線、人形という三段構えの文楽。だからこそ時間は緩やかに流れ、緩やかに流れるほかはない。したがってある種の意図的手法のようにも見える上演時間の長さというやつも、当時の芸と庶民の関係を鑑みれば、たぶん日本独特のものかもしれず、そのことも手伝っているはずです。その段では、主人公は何人いてもいいとも言える。時間は流れ、芝居も流れる。流れては消え、消えては流れる。いにしえの時間がそこにある。この点では現代的なところはまったくないと言っていいでしょう。機械仕掛けの神はいらない。少なくともご愛嬌くらいにしかほとんど必要ないのです。

誰もが知る黒澤明の映画『七人の侍』も、去年日本で封切られたアレクセイ・ゲルマンの空前絶後の映画『神々のたそがれ』も、せちがらい現代人である私にとってはずいぶん長い映画だなあと思ったのですが、それでもたったの三時間たらずです。それに比べて本作の人形浄瑠璃は八時間以上です。これは人形浄瑠璃を他のものとは趣を異《こと》にするひとつの紛れもない要素かもしれません。

16　文楽の「結構」

浄瑠璃、三味線、人形という文楽の三種三様の「結構《けっこう》」を考えてみると、やはり文楽は世界のどこを見回しても他に類をみないものなのでしょう。文楽を見に行けば、背景のある舞台があり、床があり、観客席があるのが普通なのですから、これがどれほど特徴的なものであるかを普通われわれは意識したりはしません。誰もが文楽は文楽だと思っています。でもよくよく考えれば、舞台芸術という観点からしても、何百年も続いているこの不思議な伝統は、この構えそれ自体が何ごとかを語る雄弁なものだという気がしてきます。

まず浄瑠璃。最初に浄瑠璃があったのだし、一緒に人形が遣われるようになったのは歴史的にその後のことと言いますから、やはりまずは浄瑠璃です。人形も三味線もそうであるように、浄瑠璃もまた独立独歩の芸術なのでしょう。

太夫が語ります。語られるのは独特の詞章、文句であって、それ自体は歌ではないといいます。歌うのではなく、語るのです。それは物語られます。ヨーロッパの吟遊詩人だって歌うじゃないかと文句を言われそうですが、太夫は吟遊詩人ではありません。もともと謡曲の息づかいが音曲《おんぎょく》のなかに取り入れられているのですから、歌のように聞こえることがあっても、それが完全に歌でないのは、語られるのは「詩歌」ではなく、文字通りの意味で「文章」だからです。そういう意味です。

例えばこんな感じです。

「……マア何はとみあれソレ累、奥でゆるりとあがつて貰はしやれ」
と濁す言葉を
汲み取つて、累もしらふ白豆腐、味もあへもの口落とし
「さあ皆様」
と勧むれば……

（『薫樹累物語《めいぼくかさねものがたり》』）

舞台では人形が演じています。人形は口がきけない。そうであれば、普通の考えでは、人形遣い、もしくは黒子が科白を語ればいいということになりますし、実際、そのような人形劇は珍しくありません。しかし文楽は違います。浄瑠璃が人形よりも先にあったということもあるのでしょうが、この伝統はかたくなにそのまま変化を加えられることがなかったようなのです。

つまりここで語られているのは、人形の「科白」だけではないのです。太夫が人形になりかわって人形が語っていると想定される科白を代弁するならば、そして人形が身体をもった俳優と同じように振る舞うために俳優の機能を踏襲するためであれば、あるいは太夫が西洋演劇でいう役者の忘れた科白をあえてがなり立てるプロンプターのような役目を担うためであれば、人形が語っていると暗黙の了解のうちに見なされているはずの「科白」を喋るだけでいいということになります。しかしそうではありません。太夫の語る詞章は、登場人物＝人形の仕草や、人形つまり登場人物の振舞いや成り行きの描写や、映画でいうナレーションまで含んでいます。その叙事詩性は韻文というより散文であり、たいていは「科白」を、あるいはその対極にある「沈黙」を尊重している舞台芸術ということからしても、ちょっと比類のないことです。

結論を言ってしまえば、浄瑠璃の詞章は台本を前提とする戯曲ではなく、むしろ「小説」そのものであるように私には思えるのです。「小説」が最初から最後まで、それも他の追随を許さない独特の語り口で朗読されるようなものです。もちろん人形浄瑠璃に近松門左衛門の「文芸」が介在しなければ、こんな風にはならなかったのでしょう。そして言ってみれば反写実的な太夫の特異な「語り」、「節」がなかったならば、この「小説」はむきだしになり、聞いているほうはきわめて妙な感じがしたに違いありません。でもこの義太夫節の独特の語り口を別にすれば、私の知る限り、こんな芸当は現代のきわめて前衛的で特殊な映画のなかでしか行われていませんし、とても不思議なことだと思います。

そしてこれは歌われているのではないとはいえ、「音曲」なのですから、もちろんここには別の意味での「歌」のようなものさえ入り込んでいます。三味線も聞こえます。しかも三味線は伴奏であって、同時に伴奏でないようにも思えます。やはりそれ自体独立しているかのように聞こえるときがあるのです。この語り口と三味線があるから、浄瑠璃は「小説」を朗読しているようには思えないだけなのです。演目が違えば、当然のことながら「小説」といってもいろいろですが、浄瑠璃は形式的に「小説」が語られているという点で現代的であり、じつに独創的であるとさえ言えるでしょう。

人形はどうなのか。文楽の人形の歩き方はナンバ歩きといって、片側の手と足を一緒に前に出す歩き方です。いまわれわれが無意識にとっている歩き方とは違います。これは日本人が農耕民族だったからだという意見もあるようですが、実際のところ、どうしてなのか私にはわかりません。しかも人形の足は地についていません。浮いています。とはいえ、たしかに人形は「写実」的な動きをしていると言っていいのでしょう。しかも文楽の人形の繊細にして情動的な動作は明らかにヨーロッパのマリオネットなどの動きや所作とは違って、人間の動き、とりわけ日本人の身のこなしにかなり近いものだとは言えるでしょう。恐らく文楽と同じくらい古い日本のこれまた民衆芸である糸あやつり人形などを見ても、何はともあれ日本の人形の動きは非常に繊細です。

しかし生き写し、「写実」というのは何だかよくわからないものです。人形の動きには明らかな「誇張」があります。この誇張は必然的なものなのでしょうが、必然的であるが故に、これはひとつの「形式」になり得ていると言えます。これらの「写実」には明らかに「形式」というものがあり、この「形式」というやつは何かしらわれわれの感情の「底」に触れるものであると同時に、それでいて幻覚にとらえられるようにわれわれをわれわれの「写実」の外に連れ出してしまいます。「形式」自体はそもそも意味を欠いていて、空っぽの何かです。この「写実」はじつは何百年も続いているというか、何百年も前のものかもしれないのです。文楽では時間の流れ方が違うのです。これはロシア出身のある著名なヘーゲル学者などに言わせると、世界の歴史文化からしてもじつに驚くべきことであり、最も進んだスノビズムのあり方らしいです。

人形。なぜ人形なのでしょう。なぜなのかはわかりませんが、生身の俳優とは違って、人形にしかできないことがあるように思います。人形を遣っているのはもちろん人形遣いの人間たちです。それはわかっています。でもたぶん誰もそんな風には思えない瞬間があると思います。それなら人形は誰に操られているのでしょうか。哲学的、形而上学的に言って、人形を操っている何かがいるのでしょうか。あるのでしょうか。人ではなく、操っているのは何かの存在、それとも非存在なのでしょうか。人形はまるで操られてはいないかのように動いていいます。人形のほうこそがすべてを操っているのでしょうか。人形の動きを見ていると、そんな風に思ってしまいます。これは芸術的であると同時に哲学的な問いです。

「トーザイ」という黒衣のかけ声とともに、われわれは日常のなかに潜むひとつの眩惑の幕開きに立ち会います。操られているのは誰なのか。そこでほんとうに語っているのは誰なのか。人形たちがざわめいています。それともただ観客の向こう側でわれわれを鏡のように映す劇がまるで夢幻劇のようにゆるやかに進行しているだけなのでしょうか。

文楽の「結構」はそのうちのどのひとつが欠けてももはやすべてが成立しない態《てい》のものですが、それはわれわれ観客にどんな風に見てもかまわないという特権を授けているように思います。これは文楽の「緩やかさ」だと思います。そしてこの「形式」が与える幻妖は、不条理で血なまぐさいこともあるひとつの叙事詩的散文から立ち上がったものであり、それはいつも日常の雑事や憂さや雑踏とともにあって、その点では、飯を食ったり酒を呑んだりしながら観劇していたはずの江戸時代の観客である大坂の庶民と、われわれはそんなに違いがあるとは思えないのです。

17　死と人形

「お染久松」（『染模様妹背門松《そめもようはいもせのかどまつ》』菅専助《すがせんすけ》作）のなかに夢のシーンがあります。生玉神社の境内でお染と久松が逢引しています。道ならぬ恋です。お嬢さんのお染は家のための政略結婚間近で、久松はその家に世話になった丁稚です。二人は八方塞がりです。いずれ死が二人の運命の終着であることは容易に察しがつくことです。死は二人を分かつのでしょうか。その境内へ、名前は善六でもお染に横恋慕している悪玉善六が現れます。この悪玉はお染に言い寄り、ちょっかいをかけようとするのです。怒った久松は善六を切り殺してしまいます。なすすべもなくなった二人はこの境内の井戸に次々に身を投げます。

「サア人を殺せばなほ以て、生きてはゐられぬお染様。さらば」
と言ひざま突つ込む刃

「一人はやらぬ諸共に」
と辺りの井戸へ真つ逆様。身はかげらふのありやなし。胡蝶の夢と覚め果てゝ、
思ひは重き石の火の、光とぼしき油屋の我が住む家居となりにけり
（「生玉の段」）

ところが話としては、それは実は夢だったということが明らかになるのです。はたして人形たちも目を覚ましたのでしょうか。浄瑠璃のほうはこう続きます。

ふつと目覚まし
「ハア嬉しや夢であつたか。シタガあの売り声は生玉で見た歌祭文。とりも直さずこりや正夢、あれもやつぱり善六めが拵へて売らすのか、引つ捕らへて」
と立ち上がりしが
「イヤイヤイヤ止め立てしたら身に覚えがあるゆゑにと人の口、エヽ憎い奴と言ふもこつちの得手勝手、所詮死ねとの今の夢、人をも世をも恨むまい」
（「質店の段」）

今回の上演では原作のように二人が自害して幕切れになるのではなく、昭和三十五年の野澤松之輔による補綴によるものだそうですが、お染と久松は出奔して終わります。だからといってこの上演がハッピーエンドであるとは私には思えません。先ほどの夢のシーンがあったのだし、それは動かしがたいからです。夢うつつは夢がうつつのなかに、またうつつが夢のなかに侵入した証しなのです。

しかしこれは舞台なのですから、夢のシーンは映画のようにはいきません。映画であれば、昔から、つまりサイレント時代、映画の黎明期以来、夢の情景はかなり滑らかにつくられていいます。素人考えかもしれませんが、映像なのですから、わりと簡単につくることができるのではないかと想像できます。映画では、夢と現実は感触として地続きではなく、どちらかがメタレヴェルにあって、要するに違う次元にあることが観客にもかなりわかるときがあります。しかし何から何まで物質的である舞台、文楽の人形芝居ではそうはいきません。夢と現実はまったく同一の物質的レヴェルにあるほかはないのです。ところが夢の情景は文楽でも夢の情景のままです。これはどういうことなのでしょうか。はじめから夢とうつつには截然たる区別はなく、夢うつつがずっと舞台を取り囲んでいたのでしょうか。観客はたしかに夢うつつのなかにいます。観劇とはそういうものです。

そんなことをぼんやり考えながら見ていたのですが、いやはや、人形は観客にとってそもそも最初から夢の情景のなかにいたのではないかという、あらぬ考えが頭をもたげました。人形は現実のなかにいたりするのでしょうか。夢を見ているのは誰なのでしょう。夢うつつはどこにあるのでしょう。人形なのか観客なのか。舞台というものははたして現実なのでしょうか。現実という言葉はあまりにもここでは無粋にすぎますが、他に言いようがないので、勘弁していただきたい。

浄瑠璃はよくできたものです。すでに述べように、浄瑠璃はそのまま人形の代弁者ではなく、つまり人形の科白だけを語ってはいません。浄瑠璃は小説のように話のプロットや成り行き、解説を含めた「すべて」を語るのですし、それだけで独立したものです。あまりにも人形のインパクトが強いので、普通はそうは思わないでしょうが、その意味では人形は別の位相、浄瑠璃とは少しばかり異なる次元にいると言えます。

つねに人形はあらゆる意味で「浮いて」います。

　もし人形がすでに夢のなかにいるのだとすれば、人形とは、現実のなかですらたいして何も考えていない私たちが言うような意味で、生きている何かなのでしょうか。たしかに文楽の人形は生き生きとしていますし、動きをともなうすべての人形が生き生きとしています。普通の所作も感情に基づく仕草も生を思わせます。しかし生き生きとしているのと、生きているのは違います。もっと根本のところで、もっと本質的なところで、私たちにとって人形は生の何かを背負っているのでしょうか。それではいったい生の何を担い、生の何を代弁しているのでしょうか。答えるのは困難です。代弁はしていても生を担っているとは思えません。人形というものが見れば見るほど不可解なものだと思うのは私だけではないでしょう。人形は何かしら「死」と関わりをもっていると思わざるを得ません。そして生き生きとして、死んではいないからこそ、私たちに「死」を思わせることだってあるのです。それに人形はいつだってその沈黙によって「生」という物語自体には無関心を示しているではないですか。まるで私たちのお粗末な反応を嘲笑うかのように。舞台を降りて、いずこかへしまわれた人形を想像してみてください。

およそ文楽とは無関係な本のなかで、私の敬愛するフランスの作家ジャン・ジュネはいきなり人を面食らわせるようなことを述べています。糸で操るにせよ、指で動かすにせよ、マリオネットだけがほんとうに黄昏の、弔いの、死のスペクタクルを見せているのだ、と。人形は沈黙しているのだから、そして沈黙というものはあらゆるものに逆らうものなのだから、これは当然の成り行きであるし、死者はその面影が喚起されるとき、みんな沈黙に姿を変えてしまい、人形たちは死者の帝国を、墓地に描かれた骸骨を思わせ、死を喚起するのだ、と。もちろんマリオネットの人形と文楽のはるかに繊細な人形はまったく違うものですが、人形であること、その沈黙の質に変わりはないのだし、そのへんのところは差し引いて考えていただきたい。ジュネは日本に来たことがありますが、お盆と奈良の大仏と全学連にいたく感心していたとはいえ、たぶん文楽は見なかったのでしょう。ジャン・ジュネは続けてこんな風に言っています。

物語と声に対するこれらの人形の無関心から次のことが理解される。物語も声も彼らのものではないし、あるいは人が死んだら、人がわれわれについていずれ言うであろうことは、単に文字どおり偽りであるだけではなく、さらにまた嘘っぽく響くのである。死が無であることをわれわれに垣間見せてくれるすべての出来事のうちで、マリオネットはおそらく最も明白な合図である。自然主義的な真実主義（ヴェリズモ）がわれわれに信じ込ませたがっている諸々の効果にもかかわらず、くぐもっているか、それとも甲高い人形遣いの声と、人形のぎくしゃくした動きのあいだには、けっして一致はないだろう。そしてたとえむき出しでも、ごてごて飾り立てられてはいない私の十本の指には、すでに私から独立したひとつの生命――ひとつの舞踏――があるのだ。私が息をひきとるとき、それはどうなっているのだろうか。以上の数行を、とてもあやふやな言い方ではあるが、私は隔たりを測定したと言うために書いたのであるが、胸騒ぎでしかない隔たりなど、実際、どうやって測ればいいのか。

（ジャン・ジュネ『恋する虜』、鵜飼哲・海老坂武訳、人文書院）

たしかに人形は、人間である「私」があらゆるものから隔たっていることを、人形自体の動きと風情によって決然と示しています。浄瑠璃の物語や声、三味線の音に人形自体は無関心なのでしょうか。そうかもしれません。あまりにうまく三味線の音色に人形たちの動きが合えば合うほど、人形は舞台の上で私たちとは別の生を生きているように思えてきます。

そして人形自体が同じようにあらゆるものから隔たっていることは何となくわかります。どう言えばいいのでしょう。そんな隔たりのなかで、人形は、はっきり生きているとも死んでいるとも言えないにしても、あらゆるものが黙り込まずにはおれない不分明なあの黄昏時、犬でも狼でもないものに何かが変成しようとするとき、死者の沈黙がほとんど身近なものであることを私たちに告げているのです。そう言っていいと思いますし、それどころかたぶん人形の存在はそれ以上のことを語っているのではないかと思います。

それはそうなのですが、人形が何だか得体の知れないものであるとしても、一方、人形との対比において、私たちもまた調子っぱずれなものなのです。生きている指、あらゆる人間の舞踏は、どれほど美しいものであったとしても、また恐るべきものであったとしても、調子っぱずれなものです。残念ながら、と言うべきなのでしょうか。人形と私たち。何かの存在、人形や人間の存在などと問う前に、どうやら私たちもまた死者たちのあいだで生きているからです。人形のようにそのまま「死」を喚起する勇気がないだけです。あらゆるものが「生」の喧伝によって隠蔽されるのだとしても、そこで生きるほかはないからです。

人形が死を思わせるとすれば、それが私たちにそっくりでありながら私たちとの隔たりを示しているからなのですが、それでも私たちと人形は死の共同体のなかで別々の仕方で棲息しているのだし、なおかつ私たち以上にたぶん私たちの秘密を、「死」の秘密を隠しもっているからだと私は思っています。

18　蛇女の怪

文楽の心中物でも、そこでほんとうに繰り広げられているのは、男と女の道行きの物語ではなく、じつは女と女の戦いであることに気づくことが多々あります。時代物でも、お話の隠れた主人公は、勇敢な武将ではなく、じつは一見脇役のようにも見えた女性であったことが最後にわかって、はっとすることがあります。

生物学的なことは言わずもがなの話であるし、太初の昔から古今東西、「世界の臍」や、この世のいくつもの中心には厳然として女性がいることを理解するには、歴史や人類学や民俗学の本を繙くまでもないのかもしれませんが、文楽でも事情は変わらないように思います。男は話の駒にすぎず、種にすぎず、太鼓持ち、ただの狂言回しであり、それとも丘の上の阿呆さながらの裸の王様であるかです。

私はかねがねそれが文楽という民衆芸能の隠れた批評精神であり、とても面白い特徴ではないかと勝手に考えてきました。ということは、文楽においても、女性には、登場人物たる女性には、いつも戦いが現に秘められていることがわかるのです。これが事の真相であるとでもいうようにしてです。

日本神話を換骨奪胎した近松門左衛門作『日本振袖始《にほんふりそではじめ》』の「大蛇《おろち》退治の段」を観劇して、最初に印象深く思ったのもその点です。さすが大作家近松門左衛門です。

悪の化身である大蛇は何と岩長姫《いわながひめ》に身を借りています。岩長姫、つまり石長比売は、『古事記』や『日本書紀』などによりますと、妹の木花開耶姫《このはなのさくやびめ》と一緒に瓊瓊杵尊《ににぎのみこと》の元へ嫁ぐのですが、醜かった岩長姫だけが追い返され離縁されてしまいます。そして神話を信じるならば、身ごもった木花開耶姫を岩長姫は呪ったのだとされています。人間の寿命が短くなったのはそのせいなのだ、と……。

たしかにあちこちの神社に数多く祀られているとはとてもじゃないが言えないですが、日本の創生神話の重要人物のひとりとして登場するこの岩長姫を、近松はまったき悪の化身である蛇女とするのです。それともわれわれが接することのできる祭祀の面では、つまり日本の宗教の長い歴史において、あまり人気があるとは言えない岩長姫の神話的秘密を近松はすでに知っていたのでしょうか。宗教的神話には必ず悪役が必要とされるのですし、それは日本に限らず宗教の秘密のひとつであると言っていいかもしれません。しかし蛇道は少なくとも日本において邪道ではありません。有名な神社の祭神の裏の顔が実際には蛇であるというのはよく耳にするところです。

まだ大蛇の正体を現していない岩長姫に近松はこう語らせます。

われ宝剣に心をかけ、岩長姫とは生まれしが、蛇道の縁は切れやらず、胸に燃え立つ、瞋恚《しんに》のほむら、媚《みめ》良き女を取らざれば、劫火《ごうか》の苦患《くげん》休む間もなし、されば年ごろの生贄の、美女を取ること多年なり、今宵も名にし稲田姫、鬼一口に服せん

（『大蛇《おろち》退治の段』）

奥出雲の村では大蛇の災いから村を守るために人身御供が行われています。大蛇に美女を生贄として差し出すのです。今回は、素盞嗚尊《すさのおのみこと》の妻である稲田姫が生贄として簸《ひ》の川へやって来ました。八岐大蛇《やまたのおろち》のために八つの壺が用意され、そこに毒酒が仕込まれ、酔っ払った大蛇から十握《とつか》の剣を取り戻そうというのです。稲田姫はひそかに

蠅斬《はばきり》の名剣を袂に忍ばせて岩の上に伏しています。

そこへ、まだ岩長姫の姿をしている大蛇が現れます。二人の姫が対峙します。対峙というと言いすぎかもしれません。今にも食べられようとしている稲田姫のほうは、生贄になる悲しみに打ちひしがれ、息も絶え絶えのようにして巌の上に伏している振りをしているのですから。しかしひそかに短剣を握りしめて。

この短い場面（実際には長く感じました）はとても美しいものでした。寂寞《じゃくまく》を極める深い山奥にいる二人の女。他には誰ひとりいない。そばには身を切るように冷たい清水が流れています。これから稲田姫を喰らってしまおうという蛇女岩長姫は目にした五月蠅《うるさ》い注連縄《しめなわ》を断ち切ります。そしてこのシーンには文楽としては意外に思える新たな演出も施されていました。三味線に混じって胡弓の後ろ髪を引かれるような音色が奏でられるのです。対峙する二人の女の底にある悲しみを考えれば、この効果は絶大でした。すぐ後には笛と鼓の二人の囃子方も舞台に登場し、いつもの世話物などとは一味違う神秘的な神楽風の雰囲気が加味されていました。

稲田姫を喰らってしまう前に、岩長姫はあたりに芳醇な酒の香りが漂っていることに気づきます。岩長姫は酒の入った甕に首を突っ込んで毒酒をあおります。毒酒の酔いがまわってきた大蛇の化身は髪を振り乱しながら次々に甕に首を突っ込んでゆきます。お姫様としては品がないとも言えるこの仕草ともども、酔っ払った岩長姫の暴力的な舞いはまことに妖艶であり、美しかった。桐竹勘十郎さんによって操られた人形、人形であるからこそのなせる業であり技だったのでしょう。人間の役者が演じればこうはいかなかったはずです。

岩長姫は怒りにかられているように見えました。太古から続く瞋恚《しんい》。怒りは消せないのです。大蛇は呪詛の化身です。われわれは恨まれる定めにあるのでしょうか。これは日本の歴史の深層に関わることなのかもしれません。観客のみなさんもそうでしょうが、私はこの妖しい場面が好きです。酔っ払った毒婦。男がとやかく言う美醜など手玉にとってしまうファム・ファタル。

ずっと後方の神話のなかにはニニギノミコトと、まだ姿を現さないスサノオノミコトが何も言えずにひっそりと控えているはずです。神々もまた、どこかちょこざいであることに変わりはありません。しかもニニギとスサノオならば、神々の系譜からして二つの神話的場所の歴史的対立すら含まれてしまうことになります。これは近松の記紀神話に対するユーモア、悪ふざけ、あるいは歴史に対する近松の見解なのでしょうか。一方、いまにも生贄にならんとする稲田姫はここで大蛇の餌食になるまで、そして夫であるスサノオノミコトが華々しくここに到着するまで、ひとり神に加護を祈り続けているのです。

それにしても最初に登場していたあの侍や神官たちはいったいどこへ行ってしまったのでしょうか。ここでも、たとえ神官といえども、男たちに出る幕はありません。スサノオノミコトもいまだ、ニニギノミコトはもちろん最初から登場しません。いるのは、寂寥たる日本の山奥で戦う敵同士である二人の女性。そして歴史への呪詛があるばかりなのです。善と悪の戦いなどというのはうわべのことにすぎません。なぜなら神話というものにはどうも歴史自体への呪詛、歴史的観念への仕返しがはじめから含まれているように思われるからです。

もちろんこの後に、蛇退治のスサノオノミコトが、まるで「デウス・エクス・マキナ」（機械仕掛けの神）のように現れ出ることは言うまでもありません。スサノオノミコトは稲田姫をすでに飲み込んでしまった大蛇に勇壮に挑みかかります。ヤマタノオロチの八つの首は切り落とされることになり、ついに宝剣は取り戻されます。これはもちろんこの人形浄瑠璃の見所であることはわかっています。観客のみなさんの反応もまさにそのとおりでした。

しかし私にとって、今回は、まだ蛇に姿を変えていない、毒酒に酔っ払った岩長姫の舞いのシーンがあまりに強烈だったので、大団円である、この歴史に生まれた男スサノオノミコトの武勲の場面は残念ながらぼんやりとしか思い出せないのです。私にとってこの「大蛇《おろち》退治の段」もまた、女性たちの戦いの芝居だったというわけです。

それは、あらためて私にとって文楽の新しい発見でした。

後記

これらの文章は二〇一二年から二〇一八年にかけて国立文楽劇場のウェブサイト「文楽かんげき日誌」に不定期に連載した無手勝流の文楽話である。なお、初出の文章に手を加えたところがある。

門外漢である筆者としては、なんの知識もなく、そのまま生身で楽しげに正直に文楽に向き合うほかはなく、文楽の専門家からすれば間違ったことをあちこちで言っているかもしれない。だが筆者もまたひとりの「大坂の庶民」なのだから、民衆芸である文楽にとってそれはそれで構わないのではないかと思ったりした。私の思いは文楽の舞台とその周辺をうろうろした。文楽俳諧と気取りたいところであるが、実際、文字どおりの文楽徘徊である。

そして恐らくこれらの文章のどれもが、直接的、間接的に、近松門左衛門への私なりのオマージュであることを最後に付言しておきたい。

文楽の世界に私をいざなってくださった国立文楽劇場の亀川彩さん（当時）と小河原匠さんには大変お世話になり、有意義な時間を過ごさせていただいた。記してお礼を申し上げます。ありがとうございました。
　そして文楽についての本を出すことを快諾して一冊の本にまとめていただいた現代思潮新社の渡辺和子さんに感謝致します。

二〇二一年八月　コロナ渦中にて記す

鈴木創士（すずき そうし）
作家、フランス文学、ミュージシャン。
著書に、『魔法使いの弟子』、『サブローザ　書物不良談義』（以上、現代思潮新社）、『ひとりっきりの戦争機械　文学芸術全方位論集』（青土社）、『ザ・中島らも　らもとの三十五光年』（河出文庫）、『分身入門』、『うつせみ』（以上、作品社）、『離人小説集』（幻戯書房）ほか。訳書に、アルチュール・ランボー『ランボー全詩集』、ジャン・ジュネ『花のノートルダム』、『アントナン・アルトー『ヘリオガバルス　あるいは戴冠せるアナーキスト』、『演劇とその分身』、フィリップ・ソレルス『女たち』（以上、河出文庫）ほか多数。

文楽徘徊

2021年 12月 10日 初版第 1 刷発行

著　者　鈴木創士

装　幀　岩瀬　聡

発行所　株式会社現代思潮新社

〒112-0013　東京都文京区音羽 2-5-11-101
電話　03-5981-9214　FAX　03-5981-9215　振替　00110-0-72442
URL: http//www.gendaishicho.co.jp/　E-mail: pb@gendaishicho.co.jp

印刷・製本　モリモト印刷株式会社

落丁・乱丁本はお取り替えいたします。

 ISBN 978-4-329-10013-9
定価はカバーに表示してあります。